Mente
Criminal

JACK EL DESTRIPADOR

EL TERROR DE WHITECHAPEL

AMERICAN
BOOK GROUP

INNOVANT PUBLISHING
SC Trade Center: Av. de Les Corts Catalanes 5-7
08174, Sant Cugat del Vallès, Barcelona, España
© 2026, Innovant Publishing SLU
© 2026, TRIALTEA USA, L.C. d.b.a. AMERICAN BOOK GROUP

Director general: Xavier Ferreres
Director editorial: Pablo Montañez
Director de producción: Xavier Clos

Colaboran en la realización de esta obra colectiva:
Directora de márqueting: Núria Franquesa
Project Manager: Anne de Premonville
Office Assistant: Marina Bernshteyn
Director de arte: Oriol Figueras
Diseño y maquetación: Roger Prior
Edición gráfica: Emma Lladó
Coordinación y edición: Adriana Narváez
Seguimiento de autor: Eduardo Blanco
Redacción: Mercedes Carreira
Corrección: Olga Gallego García
Créditos fotográficos: ©Album/KPA-ZUMA; ©Photo by Popperfoto
via Getty Images/Getty Images; ©Album/Rue des Archives/
Bridgeman Images/FIA; ©Bettmann/Getty Images; ©Photo by
Bride Lane Library; ©AP Photo/Wally Fong; ©Photo by Ralph
Crane/The LIFE Picture Collection via Getty Images; ©Album/
Rue des Archives/Bridgeman Images/AGIP; ©Album/Mondadori
Portfolio; ©Garofalo Jack/Getty Images; ©Album/Mondadori
Portfolio.

ISBN: 9781681659060
Library of Congress: 2021946876

Impreso en Estados Unidos de América
Printed in the United States

Índice

Capítulo 1

EL ESCENARIO

«**Londres se encuentra bajo el hechizo de un gran terror... un réprobo sin nombre, mitad hombre, mitad bestia, gratifica diariamente sus instintos asesinos...**»

Diario *The Star*, 8 de septiembre de 1888.

Corría el año 1888, fines del siglo xix, Inglaterra era el corazón del Imperio británico, un corazón que gozaba de buena salud y Londres, su capital, era una de las ciudades más avanzadas tanto económica como culturalmente. La Reina Victoria llevaba en el trono más de 50 años y seguiría varios más (1837-1901), y un estilo de vida particular gobernaba el exterior de esa sociedad que impulsaba la Revolución Industrial y retenía aún grandes conquistas territoriales en todo el mundo.

Ese estilo de vida llamado «victoriano» hacía de la castidad virtud, aunque solo fuera de puertas para afuera y en los hermosos barrios del West End, como Chelsea, Westminster y Marylebone, donde edificios, parques, calles, salones de espectáculos, museos, hoteles y restaurantes construían esa sensación de una existencia segura, ordenada y pulcra.

Hacia el otro lado del río, en el interior, puertas adentro de ese mundo, entre las calles sucias de esa nueva sociedad industrial, el East End mostraba el lado oscuro del desarrollo capitalista de la época. Desde Aldgate y Spitalfields hasta el Mile End y Whitechapel, siguiendo las orillas del Támesis hacia el Este, se alzaba una sucesión de barrios marginales, llenos de gente, almacenes, callejones oscuros y burdeles que mostraba una realidad muy diferente.

Era la Londres impersonal, insalubre e inhumana de los distritos más pobres y densamente poblados, con calles sin pavimento ni alcantarillas, iluminadas con lámparas de gas que apenas mitigaban la oscuridad. El agua sucia de las casas desagotaba directamente en las aceras y se mezclaba con la bosta de los animales, lo que generaba un olor nauseabundo. Las viviendas pululaban en cualquier lugar disponible sin planificación y dos millones de habitantes buscaban su lugar en esa urbanización descontrolada.

Mientras, la niebla amarillenta y pestilente producto de la contaminación flotaba siempre sobre los tejados, pero se hacía insufrible en los días de invierno fríos y sin viento. Era culpa del carbón, el combustible que alimentaba fábricas, barcos de vapor y locomotoras, el mismo que calentaba los palacios de la reina y las casas de los pobres. Él era el culpable del denso *smog* y de la niebla donde todo podía esconderse; también, un asesino.

Whitechapel, un barrio no muy agradable

En *Oliver Twist* y *The Pickwick Papers*, las grandes novelas de Charles Dickens, uno de sus personajes, Sam Weller, define irónicamente a Whitechapel como «un barrio no muy agradable». Había sido un próspero distrito del East End en el siglo xvii (1600); pero en el siguiente su fisonomía cambió, algunas de sus áreas se deterioraron y para 1880, ya finalizando el siglo xix, se había convertido en uno de los suburbios con más pobreza, hacinamiento y marginalidad.

Alrededor de 900.000 personas llamaban al East End «su hogar», y unas 250.000 residían solo en Whitechapel.

Imagen de una fuerte helada sobre las calles de Londres, grabado publicado por *The Illustrated London News*, 1865, revista fundada por Herbert Ingram y Mark Lemon.

El éxodo rural a la capital se había iniciado en el siglo XVIII, hacia 1700, cuando muchos campesinos se instalaron en el barrio, atraídos por las industrias y las actividades mercantiles y comerciales. En la época victoriana, hacia 1850, la población sin recursos había aumentado aún más con la llegada de muchos inmigrantes, sobre todo, irlandeses, y desde 1882, también habían comenzado a llegar judíos pobres que venían huyendo de la miseria desde el este de Europa y la Rusia imperial.

La superpoblación derivó en lamentables consecuencias: personas sin hogar, desempleo, pobreza extrema, desnutrición, enfermedades, viviendas escasas, embriaguez, prostitución... Whitechapel era una mezcla de infierno permanente y paraíso solo pasajero, gracias al alcohol y a la fornicación con prisas a cambio de una hogaza de pan o de unos pocos peniques para pagar una cama en que pasar la noche.

Las familias que compartían una habitación pequeña para dormir y guardar sus cosas, con cocinas y letrinas comunes, eran las afortunadas. Había otros alojamientos peores como las viviendas de hospedaje con habitaciones comunitarias baratas. Por cuatro peniques, se conseguía una cama en un cuarto, en el que se apiñaban unas 80 personas. Los que solo tenían dos peniques se valían de una cuerda que ataban de la pared al piso, para dormir apoyados contra ella y con un techo sobre sus cabezas.

Y los más desventurados quedaban a la intemperie, amparados únicamente por algún portal. Era habitual que las casas estuvieran plagadas de insectos y que fueran húmedas, sin ventilación ni higiene alguna. Varias de estas pensiones estaban en la Flower Street y sobre todo en Dean Street —considerada «la peor calle de Londres»—, así como en Thrawl o Dorset Street, «quizás la más sucia y peligrosa de toda la metrópoli»—, por donde la policía local solo caminaba por allí en grupos de cuatro.

El empleo insuficiente se repartía entre demasiadas manos y los hombres trabajaban a la par que mujeres y niños con la esperanza de ganar unas monedas. Con un poco de suerte, conseguían algo en los muelles; porque el trabajo en las tiendas y las fábricas era aún más duro, la paga, más baja y la jornada, más larga. Esta vida con extremas exigencias, carencias y hacinamiento llevó a muchos a encontrar consuelo en el alcohol y en la charla de los bares dando origen de este modo a la «cultura del pub».

Si para los hombres de Whitechapel era penoso hallar empleo, para las mujeres era increíblemente más arduo. A muchas no les quedaba otra posibilidad que prostituirse para poder comer y dormir ese día. A menudo, vendían su cuerpo por tres peniques o una hogaza de pan rancio. La mayoría era alcohólica, estaban enfermas y parecían 20 años más viejas. Casi nunca informaban a la policía de los ataques físicos o de los abusos de sus clientes. Y no había bien que llegara, sino solo mal: una campaña contra la prostitución las hizo más vulnerables a la violencia cuando una ley de 1885 cerró los burdeles y tuvieron que caminar las calles.

Robos, violencia, alcoholismo —la clase obrera gastaba una cuarta parte del sueldo en bebidas—, así como la prostitución se volvieron una imagen cotidiana. En octubre de 1888, la Policía Metropolitana calculó que en Whitechapel había 62 burdeles clandestinos y 1.200 prostitutas «de muy baja categoría». Y la muerte también estaba muy presente: al finalizar el año 1888, Whitechapel había registrado un total de 28 asesinatos y 94 homicidios, es decir, una muerte violenta cada tres días.

En sus páginas, la prensa reflejaba la delincuencia, así como los disturbios públicos, la discriminación, el racismo y la pobreza que imperaban en esos barrios. Las oscuras calles, que se ramificaban alojando sufrimiento, suciedad y peligro, fueron el telón de fondo del «Otoño del Terror» de 1888, llamado así por los diarios de la época. Este sería el escenario del asesino en serie más famoso del mundo, hoy ya convertido en mito moderno: Jack el Destripador.

Capítulo 2

LAS VÍCTIMAS

Entre fines de agosto y noviembre de 1888, apenas tres meses, el pánico invadió Whitechapel. En ese lapso, cinco mujeres fueron brutalmente asesinadas y horriblemente mutiladas por un asesino desconocido que tuvo además el tupé de ponerse nombre a sí mismo: Jack el Destripador.

La violencia y las muertes eran algo común en Whitechapel, pero estos crímenes no eran asesinatos comunes, sino ataques atroces circunscriptos, además, a unas pocas calles, que habían ocurrido siempre durante los fines de semana y de madrugada o tarde por la noche. Asimismo, habían sido cometidos con un mismo *modus operandi*: las víctimas —todas mujeres—, tenían las gargantas cortadas y sus cuerpos mutilados y eviscerados de modo preciso con una violencia y un sadismo que escandalizaba por su crueldad. Por esa razón podían adjudicarse a un solo homicida.

En *Las cinco: las vidas jamás contadas de las mujeres asesinadas por Jack el Destripador* (2019), la historiadora británica Hallie Rubenhold, escribió la primera biografía de sus víctimas. En archivos y expedientes, investigó dónde nacieron, cómo vivieron, quiénes fueron sus padres, con quién se casaron, cómo eran las comunidades donde vivían. Sostiene que el mito tan divulgado del «asesino de prostitutas» es falso.

Y afirma que solo dos de ellas lo eran: Mary Jane Kelly y Elisabeth Stride. Y no hay constancia de que las otras tres víctimas —Mary Ann Nichols, Annie Chapman y Catherine Eddowes—, lo fueran. Los prejuicios de la época hacia las mujeres, sobre todo si dormían en la calle, y las actitudes sexistas de los policías, investigadores y periodistas instalaron esa creencia. Según la historiadora, el mundo las juzgó por su muerte y pasaron a la historia como prostitutas, mujeres sin hogar, sin familia, sin propósitos en la vida; para muchos, la escoria de la sociedad. Sin embargo, fueron el rostro visible de la triste realidad de muchas de sus contemporáneas.

Uno de los casos es el de Polly, que había nacido en un hogar humilde el 26 de agosto de 1845. Su nombre era Mary Ann Walker o «Polly», como la llamaban. Creció en un barrio londinense pobre, donde las familias solo podían permitirse un reducido cuarto en el que se hacinaban.

En 1864 Polly se había casado con William Nichols, un ingeniero con quien tuvo cinco hijos. La pareja de enamorados pudo mudarse a un piso, vivir felices y sin apremios. Pero el matrimonio empezó a tener problemas cuando ella descubrió —por boca de su padre—, que su marido tenía una aventura con Rosetta Walls, su vecina. Ofuscada por el engaño, Polly empezó a beber.

Por su parte, él sostenía que no le era infiel, que el alcoholismo de Polly originaba las peleas; en definitiva, la convivencia se volvió insostenible, y en 1880 la mujer se marchó de su casa dejando a sus hijos al cuidado de su marido. Naturalmente, fue repudiada por abandonarles, y así empezó su infortunio.

William Nichols rehízo su vida con su vecina Rosetta y durante dos años, siguió enviándole dinero a Polly —quizá porque seguían legalmente casados—, pero con el tiempo dejó de hacerlo aduciendo que ella vivía con un hombre.

En 1883 su padre la llevó a vivir con él, pero Polly continuaba bebiendo, lo que causaba fuertes discusiones, y eso decidió su partida del hogar paterno.

Pocas veces lograba control sobre su adicción y su vida. Hay registros que demuestran que fue empleada doméstica en distintas casas de familia a partir de 1883 y que llegó a vivir con un hombre llamado Thomas Dew, un herrero del lugar. Pero en octubre de 1887, Polly quedó nuevamente sin hogar y a la intemperie.

Entonces se convirtió en una mujer que vagabundeaba por las calles de Whitechapel sin rumbo alguno, durmiendo alternativamente en Willmott's Lodging House, en Thrawll St., o en Lambeth Workhouse y, a veces, en White House, hospedajes

Todas las víctimas de Jack el Destripador eran mujeres y vivían en Whitechapel, «un barrio no muy agradable», como Charles Dickens hace decir a Sam Weller con ironía en sus famosas novelas *Oliver Twist* y *The Pickwick Papers*. Ubicado en el East End, la zona más lejana de la bella Londres victoriana, hacia 1888 era el barrio de los pobres, de los inmigrantes, de los bares de mala muerte y de las prostitutas.

baratos donde se permitía compartir cama a hombres y mujeres. Entre 1887 y 1888, el alcoholismo marcó su vida, hecho que trascendió después de su muerte.

La última noche del mes de agosto de 1888, llovía sobre Londres. Según decían entonces, Mary Ann Nichols, una mujer conocida en el distrito de Whitechapel como «Polly», de la que se sabía que era alcohólica, esperaba en la calle que algún hombre se fijara en ella para procurarse unos peniques y pagar el alojamiento de esa noche en Willmott's Lodging House.

Ellen Holland, su compañera de cuarto, la encontró apoyada contra una pared y borracha en Osborn Street y Whitechapel Road a las dos y media de la mañana. Polly le confesó a su amiga que tres veces había reunido el dinero para pagar la pensión y que las tres veces lo había usado para comprarse un trago. Ellen trató de convencerla para que volviera con ella al cuarto, pero Polly se negó. Se quedaría allí un rato más para conseguir el dinero que necesitaba y, con algo de suerte, encontraría a un hombre que quisiera compartir una cama esa noche. Mientras se alejaba, Ellen contempló a Polly caminar vacilante entre la bruma y el frío hacia East Whitechapel Road, una de las calles del barrio.

Vi muchos homicidios terribles, pero ninguno tan brutal

A las cinco y cuarenta de la madrugada del 31 de agosto de 1888, Charles Cross caminaba por Buck's Row hacia su trabajo. En medio de la oscuridad, halló el cuerpo de una mujer tumbado en la puerta del establo de una vivienda, y escuchó los pasos de Robert Paul, que también iba al trabajo.

Ambos se aproximaron a la mujer, le tocaron las manos y la cara, y las sintieron frías. Sin embargo, Cross advirtió una mueca en su rostro y supuso que estaba borracha, entonces le acomodaron la falda para cubrirla. Como se les hacía tarde para acudir a sus tareas, decidieron irse e informar al primer policía que se cruzaran. Minutos después, vieron al agente Jonas Mizen y le avisaron.

Casi al mismo tiempo, el policía Neil, que hacía su ronda por Buck's Row, enfocó su linterna hacia el mismo cuerpo tendido en el pórtico del establo y observó los ojos fijos y abiertos de la mujer. En ese momento, su compañero policía John Thain también se acercó. Neil enfocaba con la luz de la linterna el profundo tajo en la garganta de Polly que les dejó a ambos perplejos ante la brutalidad y violencia de ese asesinato.

Inmediatamente, Neil envió a Thain a buscar al doctor Rees Ralph Llewellyn, quien al llegar vio que la ropa y el cuerpo de la mujer estaban cubiertos de sangre congelada. Por el *rigor mortis*, la dureza que adquiere un cuerpo sin vida, el médico que hacía de forense dedujo que había fallecido media hora antes.

En tanto, una multitud de madrugadores se iba agolpando en el mismo portal, atraída por la curiosidad de saber qué había ocurrido, así que el doctor pidió que la retiraran de allí. Mientras esperaba que llevaran el cadáver a la morgue, el inspector John Spratling, que se había acercado al lugar, levantó la falda de la víctima y pudo observar la brutal mutilación que había debajo de la ropa. «Vi muchos homicidios terribles —diría luego a un periodista de *The Times*—; pero ninguno tan brutal». El doctor Rees Llewelyn hizo el reporte forense al día siguiente, 1 de septiembre, pero este se perdió.

Afortunadamente, gracias a la importancia del caso que comenzaría a aterrorizar a Whitechapel y al mundo, la historia criminal logró conservar las meticulosas notas del inspector Spratling que atestiguan sus impresiones:

> «... Su garganta fue cortada de izquierda a derecha, hay dos cortes distintos; en su lado izquierdo la tráquea, garganta y médula espinal fueron cortadas; hay moretones en la mandíbula derecha, probablemente de

un pulgar y también en la mejilla izquierda; el abdomen fue abierto hasta lo profundo de las costillas por el lado derecho y desde la pelvis, para sacar su estómago, la herida es dentada; el interior del estómago también fue tajeado en distintas partes, y dos pequeñas puñaladas en su partes privadas; [todo] aparentemente fue hecho con la hoja de un cuchillo; supuestamente por una persona zurda; la muerte fue instantánea».

¿Quién es la muerta?

El rostro de Polly estaba tan desfigurado que no se distinguían sus facciones. Tenía el cabello negro, algunas canas, le faltaban tres dientes, y sus ojos y piel eran oscuros. La ropa estaba gastada y en ella encontraron una pista: la enagua tenía una etiqueta con el nombre del refugio para desprotegidos donde se hospedaba, Lambeth Workhouse, P.R. Antes de retirarse, después de que se hubieran llevado el cadáver de la joven, los investigadores pidieron que algún vecino que la conociera se acercara a la morgue para identificar el cuerpo. Fue una mujer, Mary Ann Monk, quien reconoció que se trataba de Mary Ann Nichols. Las dos habían residido en ese mismo asilo unos meses antes.

Ellen Holland, su compañera de habitación, se enteró del crimen por los diarios; y también fue a la morgue de inmediato y confirmó que se trataba de Polly. Al día siguiente, su padre, Edward Walker, y su exmarido, William Nichols, llegaron asimismo para identificarla. A pesar del tiempo y de los conflictos que les habían separado, ambos quedaron profundamente conmovidos por ese final que Polly no merecía. Los tres hombres que la amaron, su padre, su esposo y su hijo mayor, Edward, de 22 años, fueron quienes pagaron los gastos del funeral. Mary Ann Nichols, «Polly», fue enterrada el 6 de septiembre en el Manor Park Cementery, el camposanto de Sebert Road, en Forest Gate, y en una ceremonia íntima.

Muchas especulaciones, pocas evidencias...

Como el crimen había ocurrido en el territorio de la División Bethnal Green de la Policía Metropolitana, la investigación estuvo a cargo de detectives locales, que inicialmente, tuvieron muy poco éxito. Aunque recorrieron la calle interrogando a todos los vecinos, no pudieron obtener ningún testimonio que los ayudara en la pesquisa.

Según el informe forense, el agresor había usado el mismo cuchillo con extrema violencia, pero ninguna de las laceraciones era la responsable de haber causado la muerte de la víctima. La evidencia indicaba que primero la habían estrangulado y que después, ya muerta, el asesino se había dedicado a mutilarla. También dijeron que el acto habría durado unos cinco minutos y que la habían asesinado en el lugar donde los primeros testigos y policías la encontraron. Los inspectores conjeturaron que la llegada de Charles Cros pudo haber amedrentado al atacante, que por esa razón salió huyendo.

La prensa local asoció este homicidio con otros dos ocurridos poco antes: el de Emma Elizabeth Smith (4 de abril) y el de Martha Tabram (7 de agosto). *The Star* sugirió que el responsable era el mismo asesino y otros diarios siguieron con esa teoría, lo que generó gran pánico en los lectores y en todos los habitantes de Whitechapel.

Sin embargo, a partir de la evidencia, el forense descartó que la muerte de Mary Ann Nichols estuviera relacionada con las de Emma Smith y Martha Tabram: las armas blancas usadas eran diferentes y en ninguno de esos casos la víctima había sido degollada, como en el presente. Lamentablemente, cuando llegaron a estas conclusiones sobre la muerte de Polly, cuatro mujeres más habrían sido asesinadas sin que ni la policía, ni los detectives, ni la molesta prensa pudieran siquiera dar una pista sobre quién había sido el culpable. Entonces se conoció la vida de la siguiente víctima, Annie Chapman.

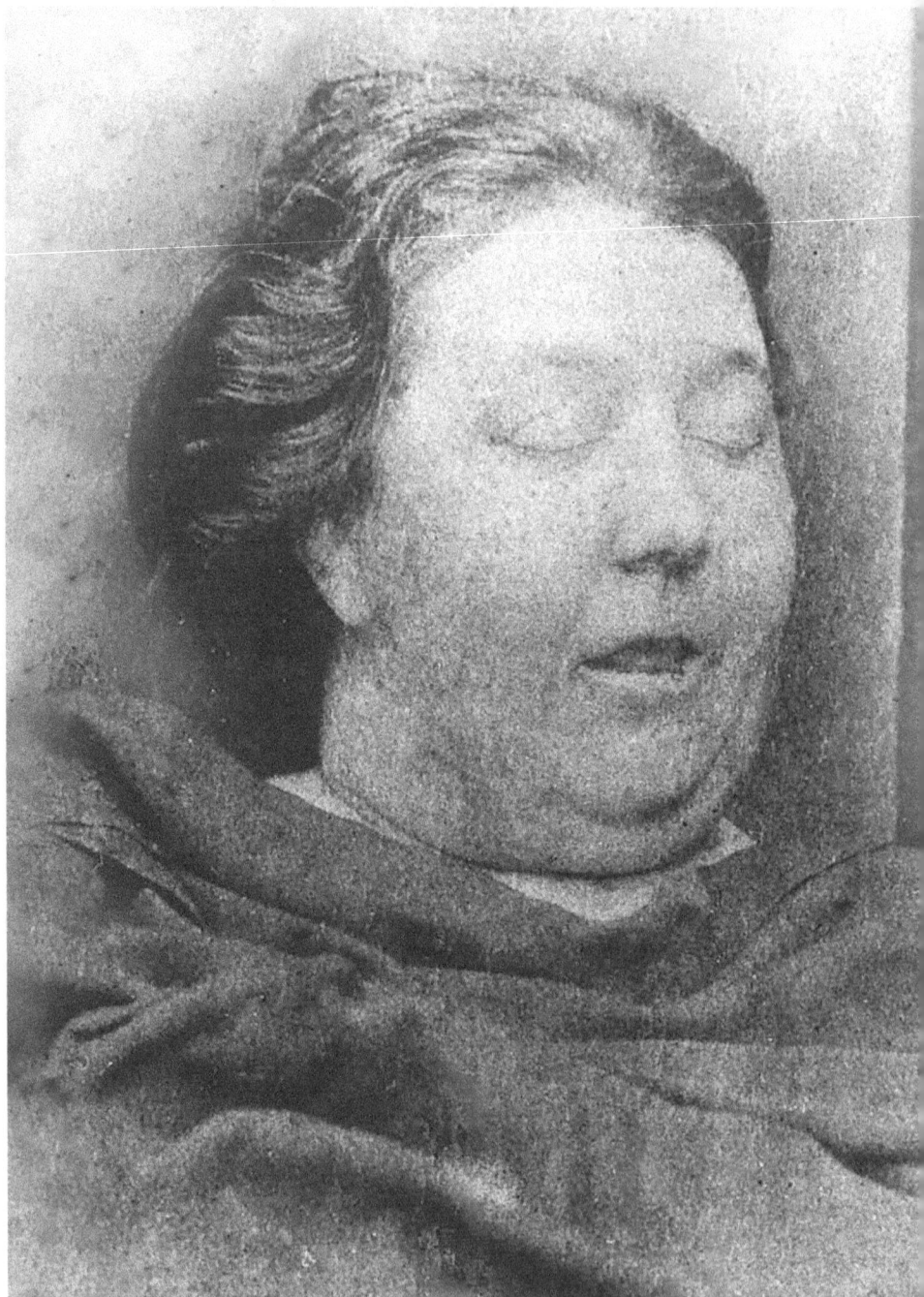

Luego del asesinato de Mary Ann Nichols, «Polly», el 31 de agosto de 1888, la prensa relacionó esta muerte, la primera de Jack el Destripador, con la de Emma Elizabeth Smith (4 de abril) y de Martha Tabram (7 de agosto), cuya imagen mortuoria se aprecia en esta fotografía. Sin embargo, a partir de la evidencia, el forense descartó que esas dos muertes fueran obra del mismo asesino. El arma blanca utilizada era diferente y la víctima no había sido degollada ni eviscerada.

Cuando el 10 de febrero de 1840 Londres celebraba en las calles la boda de la reina Victoria y Alberto de Sajonia, George Smith, un militar del 2º Regimiento de la Guardia Británica, había conocido a Ruth Chapman. La atracción fue instantánea, y el mismo año, un 25 de septiembre, llegó a sus vidas Annie (Eliza Ann Smith), una niña morena, de pelo ondulado y ojos azules.

Su infancia transcurrió en distintos cuarteles de los mejores barrios de Londres, y recibió una educación superior a la de otras niñas. Pero la tragedia llegó pronto: fue durante la epidemia de escarlatina de 1860, cuatro de sus seis hermanos fallecieron en el breve lapso de tres semanas. Su madre lo soportó, pero fue un golpe terrible para su padre, que no pudo superarlo y se suicidó en 1863.

A mediados del siglo XIX, las viudas no recibían ninguna pensión y, sin ingresos, la familia se mudó a una humilde casa en Knightsbridge. Ruth alquilaba las habitaciones y sus hijas trabajaban como empleadas en hogares. John Chapman, un chófer que trabajaba para la aristocracia inglesa, era uno de los inquilinos. El romance con la joven Annie Chapman fue espontáneo y se casaron en mayo de 1869.

John progresaba y el sueño de Annie de mejorar su situación económica y formar parte de la clase media se estaba haciendo realidad; pero se esfumaría cuando una vez más la tragedia mostrara su rostro más crudo. Su hija de 12 años murió de meningitis en 1882 y otro hijo nació con malformaciones.

Probablemente, fueron estas situaciones terribles las que terminaron empujando al matrimonio a la bebida. La situación fue empeorando. Annie fue arrestada varias veces por ebriedad y, en 1883, ingresó en un centro de desintoxicación del que salió repuesta, pero al poco tiempo reincidió en la adicción. Y a su marido no le iba mejor, incluso amenazaron con despedirle de su trabajo si continuaba bebiendo.

Aunque la amaba profundamente, John Chapman decidió separarse de su mujer en 1885 y logró superar su adicción hasta volverse abstemio. Annie, por su parte, vivió con su madre durante un tiempo y después de algunas desavenencias familiares a causa de la bebida, acabó por marcharse de la casa materna. En pocos años, esa vida en la que había sido feliz quedó muy lejos para ella. Ahora mendigaba en el mísero barrio de Spitalfields. John, que aún la amaba, cada semana le daba 10 chelines para sus gastos, aunque para poder sobrevivir, ella tejía flores con ganchillo y las vendía.

Ya hacia 1886, Annie se había mudado al número 30 de Dorset Street, en Spitalfields, con John Sivvey, un fabricante de cedazos de alambre. Pero la Navidad de ese mismo año, John murió a causa de una cirrosis, y Annie se derrumbó completamente. Amelia Palmer, una de sus amigas, dijo: «Estaba ausente, parecía que se habían ido juntos».

Desde entonces, se inició otra triste etapa en su vida: no tenía un ingreso fijo y volvió al hábito de beber. Tan notable fue su cambio que sus conocidos comenzaron a llamarla «Dark Annie» (“Annie la Oscura”). Ella continuó vendiendo sus flores tejidas, pero lo que ganaba no le alcanzaba para pagarse una cama en las pensiones de Whitechapel, donde ahora vivía, así que tres noches a la semana dormía en la calle.

Por aquel entonces, Annie le dijo a Amelia Palmer que iría un par de días a un albergue adonde acudían por refugio y asistencia los más desafortunados de Whitechapel cuando estaban enfermos. No hay registro de que se haya alojado allí, pero sí hay constancia de que el 7 de septiembre de 1888 entró en la cocina del Crossingham's Lodging House de Dorset Street, uno de los alojamientos baratos del lugar, con unos remedios y una loción.

«No te preocupes, Tim. Vuelvo pronto»

A medianoche volvió a salir y regresó a la una y treinta con unas papas para cenar. Timothy Donovan, el encargado, le pidió que pagara el alojamiento de esa noche. La mujer le respondió que no tenía dinero, pero le pidió que le guardara una cama de todos modos. «No te preocupes, Tim. Vuelvo pronto», le dijo antes de salir a caminar bajo la oscuridad de Dorset Street.

Una voz masculina preguntó: «¿Quieres?»; entonces la mujer respondió simplemente: «Sí». Ese fue el breve diálogo que Elizabeth Long había escuchado al pasar al lado de una pareja que estaba apretujada junto al número 29 de Hanbury Street, a las cinco y media de la madrugada del 8 de septiembre de 1888. La oscuridad no le permitió ver nítidamente al hombre. Nunca recordaría su cara, pero sí sabía que era de mediana estatura, de piel morena, que usaba una larga y amplia capa, y también, que llevaba una gorra escocesa de cazador y que parecía «extranjero».

El edificio de Hanbury Street en que Elizabeth Long había visto a la pareja tenía tres pisos y un pequeño patio trasero que conectaba con un pasaje por el que transitaban intrusos y prostitutas con sus clientes. A las seis de la mañana, un vecino, John Davis, quien residía en una vivienda del frente del portal, salió para su trabajo y al llegar al patio se encontró con el cuerpo de una mujer mutilada.

Yacía degollada, le habían arrancado la falda hasta la ingle, y la sangre que lo manchaba todo incrementaba la atrocidad de la escena. Presa del horror, John Davis comenzó a los gritos pidiendo auxilio a tres vecinos, James Green, James Kent y Henry John Holland, quienes llegaron corriendo, echaron un vistazo al cuerpo e inmediatamente fueron a buscar ayuda. Llegaron corriendo a la High Division Police Station de la Policía Metropolitana en el 124 de Commercial Street, y le dijeron vociferando y casi sin aliento al inspector John Chandler que otra mujer había sido asesinada.

Un cuchillo muy afilado, delgado y estrecho

Cuando el inspector Chandler llegó a la escena del crimen a las a las seis y diez de la mañana, una multitud de curiosos se amontonaba para ver el cadáver. Todo indicaba que había sido asesinada allí mismo y que no había ofrecido resistencia; tal vez su atacante la había tomado por sorpresa. Lo que llamó su atención, y la del doctor George Bagster Phillips, fue que cerca del cadáver había un pañuelo, un peine y un cepillo de dientes; los tres, prolijamente acomodados por el asesino al lado del cuerpo. En la escena, también se encontró un delantal o mandil de cuero, que motivó especulaciones entre los periodistas, quienes recurrieron a esa prenda para apodar al asesino (le llamaron «Mandil de Cuero»).

El cuerpo estaba más mutilado que el de Mary Ann Nichols: un corte profundo le cruzaba la garganta de izquierda a derecha y en el abdomen tenía un hondo tajo. Sus intestinos estaban esparcidos por el piso, pero aún conectados con las entrañas. Esas mutilaciones perturbaron profundamente al doctor Phillips. La descripción del cadáver tal y como la vio en el patio del número 29 de Hanbury Street a las 6:30 horas, fue publicada en *The Times* el día 14 de septiembre:

«La cara estaba hinchada y reposaba sobre el lado derecho. La lengua sobresalía entre los dientes delanteros, pero no más allá de los labios. La lengua estaba, evidentemente, muy hinchada. Los dientes delanteros eran perfectos. [...] Vio que la garganta había sido profundamente cortada, que la incisión a través de la piel era irregular y rodeaba todo el cuello. [...] Cree que el instrumento usado en el abdomen y en la garganta fue el mismo. Debe ser un cuchillo muy afilado, con un filo muy delgado y estrecho, y debe ser de unas 6 u 8 pulgadas como mínimo, probablemente más. [...]. Podrían haber sido obra de un instrumento como el que los forenses usan en los exámenes *post mortem*. [...] Los cuchillos que usan los matarifes, bien equilibrados, podrían haber causado las heridas. [...] Hay señales de conocimientos de anatomía [...]».

La lengua fuera de su boca indicaba que Annie Chapman había muerto por asfixia, como la primera víctima de hacía dos días, Mary Ann Nichols. En su estómago se halló poco alimento y nada de alcohol en su sistema. Las heridas y mutilaciones fueron infligidas *post mortem*: el abdomen había sido abierto para extraer la vagina, el útero y la vejiga, partes del cuerpo que no fueron halladas.

Los periodistas, frustrados por la reticencia de las autoridades a revelar detalles de la investigación, publicaron artículos de cuestionable veracidad. El *Manchester Guardian* informó, por ejemplo: «[...] se cree que su atención [de la Policía] está dirigida particularmente [...] a un personaje notorio conocido como "Mandil de Cuero"», y recurrió luego a estereotipos judíos de carácter prejuicioso y xenófobo para describir al supuesto asesino.

Pero hubo respuesta, y uno de los periódicos tuvo que retractarse. En efecto, John Pizer, un polaco judío que fabricaba calzados, era conocido en el barrio como «Mandil de Cuero». Tenía fama de aterrorizar a las prostitutas locales y una condena previa por un delito de apuñalamiento. El sargento William Thicke le arrestó el 10 de septiembre, pero Pizer tenía coartadas para los asesinatos de Chapman y Nichols. Finalmente, le liberaron y logró una compensación monetaria del periódico que le había catalogado de asesino.

En tanto, las declaraciones de los testigos no conducían a ningún sitio: eran confusas y contradictorias. La policía interrogó y arrestó a varios sospechosos, entre ellos al cocinero William Henry Piggott, detenido por tener una camisa manchada de sangre mientras hacía comentarios misóginos. También encarcelaron al carnicero suizo Joseph Isenschmid, quien coincidía con la descripción de Elizabeth Long y tenía un historial de problemas psíquicos. Detuvieron asimismo al peluquero alemán Charles Ludwig tras intentar apuñalar a un hombre en un café, después de haber atacado a una prostituta, pero no hubo evidencias concretas contra él ni tampoco contra el resto de los sospechosos.

Los hechos indicaban que el asesino era el hombre que había visto la testigo Elizabeth Long, quien reconoció a Annie como la mujer de Hanbury Street, según pudo deducir el juez Baxter.

Pero la descripción que dio no había contribuido para apresarle. Tras la tragedia, la prensa se encargó de mostrar a Annie Chapman sencillamente como una vulgar prostituta y alcohólica. Su familia, conmocionada, realizó su funeral en secreto el 14 de septiembre, también en Manor Park Cementery de Forest Gate. Para evitar multitudes, el coche fúnebre retiró el féretro y se trasladó sigilosamente hacia el cementerio, tal como habían solicitado las autoridades, donde los íntimos esperaban para despedirse de Annie. En la inscripción del ataúd, podía leerse su nombre, la fecha de la muerte y su edad, 48 años.

El «doble evento»

El 1 de octubre de 1888 la Agencia Central de Noticias recibió una postal firmada con un apodo que haría historia: «Jack el Destripador». En ella, el autor de la misiva —presumiblemente, el asesino— daba algunos detalles de los asesinatos del 30 de septiembre de 1888 y se refería a ellos como el «doble evento», y con ese nombre pasó a ser conocida esa trágica noche. Más tarde, la postal fue denominada por la prensa de la época «Saucy Jacky» ("Jacky el Descarado").

En breve, la historia personal de dos mujeres más se haría famosa. Se trataba de Elizabeth Stride y Catherine Eddowes.

Contradicciones, engaños y falsedades abundaron en la vida de Elizabeth Gustafsdotter, quien había nacido el 27 de noviembre 1843 en Suecia, en la granja de sus padres, Stora Tumlehed, cerca de Gotemburgo. En 1860, Elizabeth se fue a la ciudad para trabajar como empleada doméstica en casa de Lars Frederick Olofsson, pero ya en 1865, la policía la había registrado como prostituta. En febrero de 1866, Elizabeth logró una autorización para viajar a Inglaterra, donde se casó con John Thomas Stride en 1869, trece años mayor que ella, de profesión carpintero de barcos, para instalarse en East India Docks, un barrio de muelles en Blackwall, al este de Londres. Muy poco se sabe de su matrimonio.

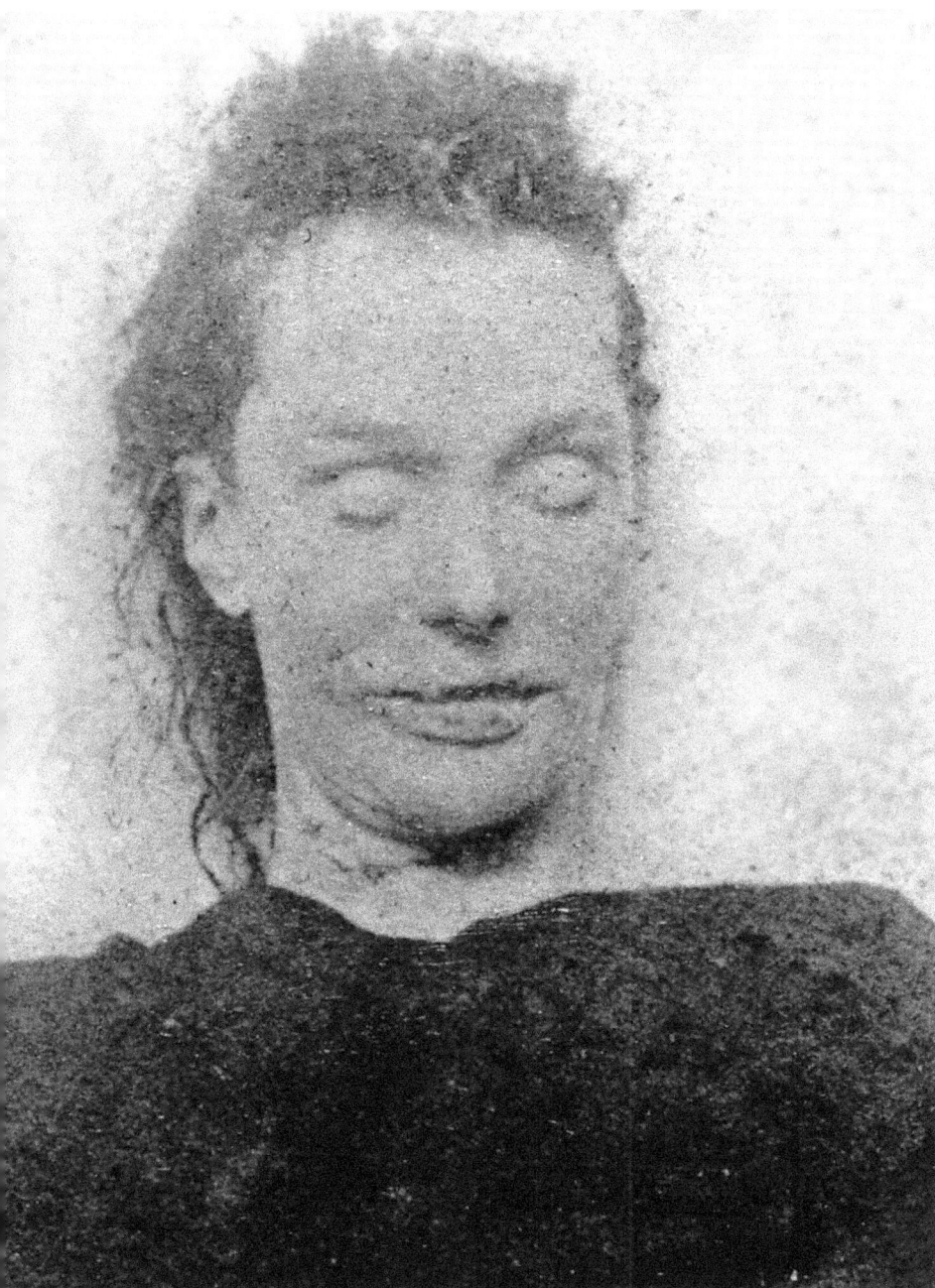

Elizabeth Stride o «Long Liz» ("Liz la Larga"), nacida el 27 de noviembre de 1843 como Elizabeth Gustafsdotter en Suecia. Stride era el apellido de su marido, John Thomas Stride, 13 años mayor, con quien se casó en 1869, pero ya no convivía. Liz se había mudado hacía poco a una pensión en el 32 de Flower Street, donde limpiaba a cambio de un lugar para dormir. Allí, en un oscuro patio del lugar, fue donde la encontró Louis Diemschutz, un vecino que se cree interrumpió al asesino, ya que el cadáver yacía sobre un gran charco de sangre con un profundo corte en la garganta, pero su cuerpo no estaba mutilado.

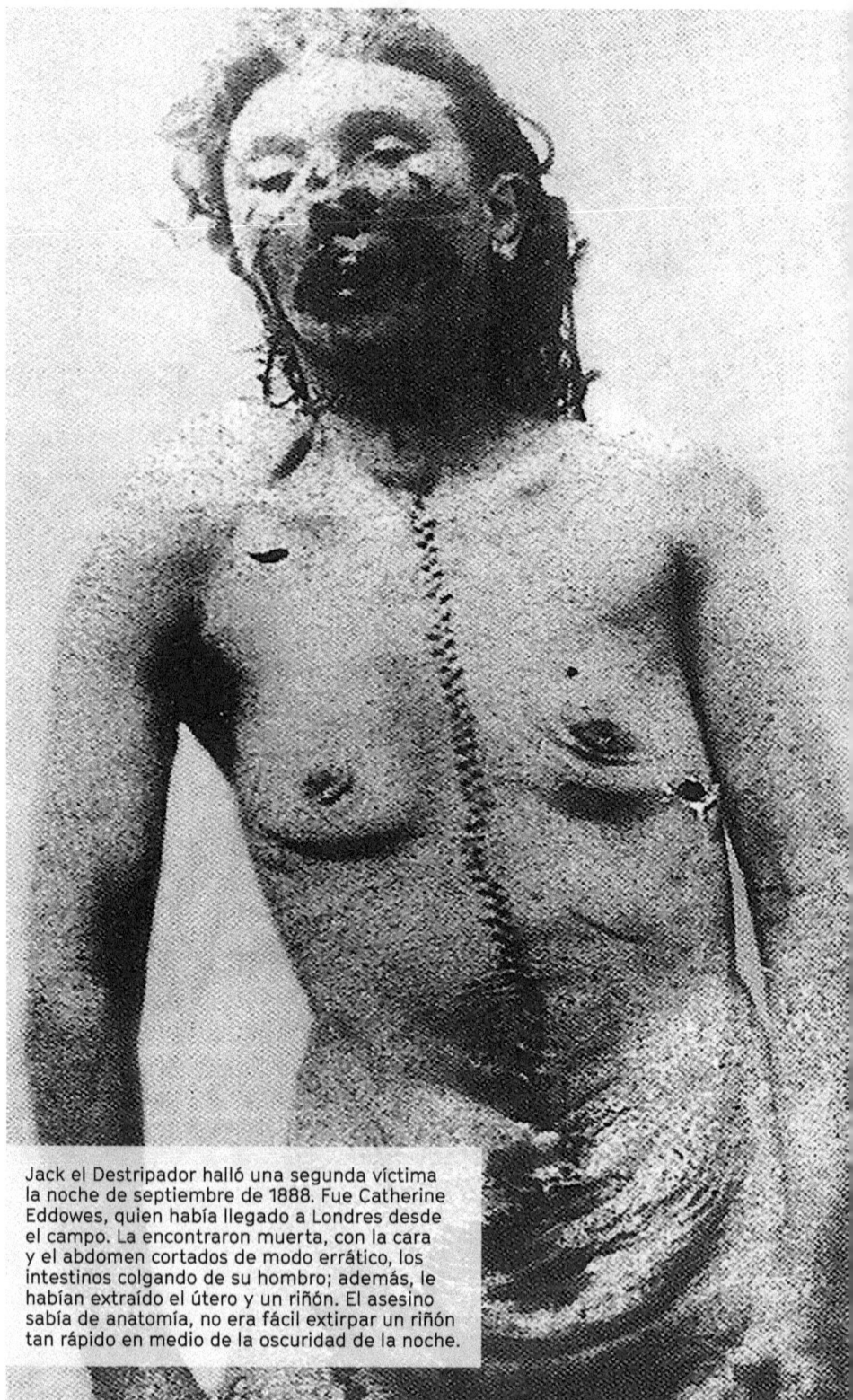

Jack el Destripador halló una segunda víctima la noche de septiembre de 1888. Fue Catherine Eddowes, quien había llegado a Londres desde el campo. La encontraron muerta, con la cara y el abdomen cortados de modo errático, los intestinos colgando de su hombro; además, le habían extraído el útero y un riñón. El asesino sabía de anatomía, no era fácil extirpar un riñón tan rápido en medio de la oscuridad de la noche.

Según Michael Kidney, su último compañero, Liz aseguraba haber dado a luz nueve hijos, pero no hay registros de ello.

En 1878, el barco *Princess Alice* había chocado con el *Bywell Castle*, más de 600 personas murieron y muchas organizaciones ayudaron a los sobrevivientes. En medio de la confusión que generó esa tragedia, Liz se acercó a la Iglesia Sueca para solicitar ayuda económica. Les dijo que en el accidente habían fallecido su esposo y sus hijos y que se había lastimado intentando salvarse, pero los investigadores descubrieron que era mentira. En los datos del Censo de 1881 se registra que Elizabeth Stride residía con su marido, aunque se desconoce cuándo dejaron de convivir. De todos modos, el clérigo Sven Olsson recordaba que Elizabeth vivía en la pobreza así que la ayudó.

Durante esos años, Liz —apodada «Long Liz» ("Liz la Larga") quizá por ser alta o por su modo de andar—, permanecía en asilos de pobres o en pensiones y cosía para ganarse unos pesos. Al igual que Annie Chapman, era una «prostituta casual». Así se conocía a las mujeres que solo se ofrecían en las calles cuando necesitaban tres peniques para pagar una cama donde dormir.

Los años anteriores a su muerte había vivido con el mencionado Michael Kidney en Devonshire Street. Discutían a menudo y cuando la situación se volvía violenta, Liz se iba durante días. La mujer acusó a su marido de maltratos en 1887, pero al no presentarse en la corte, el caso fue finalmente desestimado. Kidney, por su parte, aseguró que las ausencias del hogar se debían a sus problemas con el alcohol. Lo cierto es que los dos años anteriores a su muerte, Liz había comparecido nada menos que ocho veces ante el magistrado por ebriedad y conducta desordenada. En septiembre de ese año, Liz se alojó en la pensión del número 32 de Flower Street. Según contó a la policía su compañera Catherine Lane, Liz se mudó porque había discutido muy fuerte con Kidney y, como no tenía dinero para pagar su alojamiento, limpiaba los dormitorios de la pensión a cambio de un lugar donde acostarse.

¡Venga! Ha ocurrido otro asesinato

Louis Diemschutz, mayordomo del International Working Men's Educational Club, ingresaba con su carro por el portal del número 40 de Berner Street, al Dutfield's Yard. Era el domingo 30 de septiembre a la una de la madrugada. Inesperadamente, el poni del carro se detuvo y se negó a continuar. En la oscuridad, apenas se distinguía una silueta tumbada junto a la pared. Louis se bajó para investigar y vio que se trataba de una mujer. De inmediato, entró al club para avisarles a los socios y varios salieron con velas para ayudarle. Entonces, se enfrentaron con el horror de una escena espantosa.

Louis Diemschutz corrió por la calle gritando: «¡Asesinato!» y se cruzó con el oficial Edward Spooner, quien al llegar a Dutfield's Yard comprobó que la mujer aún estaba tibia, es decir, que hacía poco que había sido atacada. Pero Louis no fue el único que gritó; Morris Eagle también iba corriendo calle abajo con otro socio del club y avisó de la tragedia al policía Henry Lamb: «¡Venga! Ha ocurrido otro asesinato».

En el oscuro patio, Elizabeth Stride yacía sobre un charco de sangre con una profunda incisión en la garganta. La habían degollado minutos antes, pero su cuerpo no había sido mutilado. Esto llevó a especular que Louis Diemschutz había interrumpido al asesino en plena faena.

Muchos testigos, pocas certezas

El asesinato de Elizabeth Stride tuvo muchos testigos, pero pocas certezas, debido a la confusión de los datos recopilados. Muchos la vieron durante esa noche, y lo que es más terrible, varios le contemplaron a él, el asesino.

Los diarios publicaron los testimonios de J. Best y John Gardner, quienes advirtieron a Elizabeth Stride alrededor de las once de la noche entrando al pub Bricklayers' Arms con un hombre de apariencia «respetable», que usaba un abrigo y sombrero de hongo, de unos cinco pies y seis pulgadas de alto, y con un grueso bigote negro.

William Marshall, otro testigo, dijo que pudo distinguirla desde la puerta de su casa ubicada en el 68 de Berner Street alrededor de las once y cuarenta y cinco, hablando con un hombre moreno, de cinco pies y seis pulgadas de altura, que vestía un abrigo largo oscuro, llevaba pantalones negros y una gorra «como las de los marinos». También señaló que parecía educado y que tenía la «apariencia de un clérigo». «Solo dirás tus oraciones» —escuchó que le dijo a Liz—, quien rio ante aquella frase estrambótica.

El testimonio del policía William Smith fue uno de los más creíbles. La vio con un hombre en Berner Street, en el mismo lugar que William Marshall, a las doce y treinta y cinco, frente al International Working Men's Educational Club. Según él, el hombre que estaba con Liz tenía la tez oscura y el bigote negro; usaba un abrigo y pantalones oscuros y llevaba algo envuelto en un papel de diario. Según el policía, el tipo tenía aspecto «respetable» y ambos estaban sobrios.

También esa noche, Fanny Mortimer, una vecina, había escuchado disturbios fuera del Socialist Club y salió a ver qué ocurría. La mujer vio a un «joven con aspecto de novio» cerca de la esquina, en dirección al Socialist Club, y estaba convencida de que era el asesino, pues nadie más caminaba por allí; según ella, llevaba un brillante maletín negro. Después de leer en los diarios las declaraciones de Mortimer sobre el hombre «con el maletín negro», Leon Goldstein se presentó voluntariamente en la Estación de Policía de la calle Leman Street, y de ser un sospechoso, pasó a quedar en libertad porque se confirmó su coartada.

Dos elementos distinguieron el asesinato de Elizabeth Stride del de las víctimas anteriores: no había mutilaciones en su abdomen y no había sido estrangulada. Estos hechos generaron escepticismo entre los investigadores, y la comunidad médica pidió una segunda opinión en la autopsia, que estuvo a cargo de los doctores George Bagster Phillips y Frederick William Blackwell. Ambos coincidieron en que el profundo corte en la garganta le había causado la muerte y que el mismo era similar al de las otras víctimas del Destripador: limpio, profundo, de seis pulgadas y en dirección izquierda a derecha. Phillips anotó, además, que no halló rastros de alcohol o narcóticos en el estómago de Elizabeth Stride.

Algunos creyeron que no era el mismo asesino quien había matado a la muchacha, debido a las diferencias en las heridas con otras víctimas. Pero muchos otros consideraron que lo que había sucedido sencillamente es que Louis Diemschutz le había interrumpido. Por eso buscó a una segunda víctima esa misma noche.

A la policía le tomó tiempo descubrir la identidad de Liz y tardó más que en otras ocasiones —tal vez porque tenía muy pocos conocidos—, así que Elizabeth Stride recién fue identificada al cabo de la semana. Como no había amigos ni familiares que se hicieran cargo de los gastos del entierro, su humilde funeral fue abonado con fondos de la Iglesia Sueca.

El caso de Catherine Eddowes fue igualmente desafortunado. Había nacido el 14 de abril de 1842, en el campo, y su familia se había trasladado a Londres cuando ella tenía seis años, en 1848. Algunos diarios publicaron que sus padres habían muerto en 1851, y que se había mudado con dos de sus hermanas con su tía, a Wolverhampton, un municipio de Midlans Occidental, a unos 220 km al norte de Londres, mientras que los otros niños habían ido a un hospicio.

En 1863, a los 21 años, conoció a Thomas Conway, un militar retirado del 18th Royal Irish Regiment con quien nunca se casó, pero con quien convivió durante 20 años y tuvieron tres hijos. En 1881, la pareja se separó, porque ella bebía en exceso y Conway era abstemio, según el testimonio de una de sus hijas.

Catherine se mudó entonces a Cooney's Lodging House, al número 55 de Flower Street, donde conoció a un irlandés, John Kelly, que trabajaba en un mercado vendiendo fruta. Los siguientes siete años, la pareja estuvo junta y a ella la conocían como «Kate Kelly».

Amigos y familiares aseguraron que Catherine no era prostituta, que solo hacía trabajos ocasionales para ganar dinero. Frederick William Wilkinson, encargado de Cooney's Lodging House le dijo a la policía: «Nunca vi que ella intimara con otro hombre que no fuera Kelly, ya estaba en la casa a eso de las nueve o diez de la noche» y «era alegre y siempre cantaba».

El 29 de septiembre, John Kelly y Catherine «Kate» Eddowes regresaron a Londres del campo; habían ido a trabajar en la cosecha de lúpulos, pero ya no les quedaba dinero. Ese día John logró ganar 6 peniques para poder dormir esa noche en Cooney's, donde una cama costaba 4 peniques; Kate le dijo que con los dos restantes ella dormiría en la sala común.

No temas por mí, no caeré en sus manos

A las ocho de la mañana, Kelly le había dado sus botas para que las empeñara y recaudara unas pocas monedas más para comer. Kate lo hizo con el nombre «Jane Kelly» por el precio de un desayuno. Necesitaban para la comida del día y el alojamiento de esa noche; así que cada uno fue por su lado y acordaron que ella regresaría antes de las cuatro de la tarde. «No temas por mí. Me cuidaré y no caeré en sus manos», eso fue lo que John Kelly le diría a la policía, que se había despedido con esas palabras. Y nada más se supo de ella hasta que el agente Louis Frederick Robinson la halló ebria en Aldgate Street.

Eran las ocho y cuarenta y cinco de la noche del 29 de septiembre de 1888, cuando el sargento James Georges Byfield vio entrar en la Comisaría de Bishopsgate al agente Louis Robinson con una mujer borracha. La había encontrado en ese estado en el 29 de Aldgate Street, así que la metió en prisión. Kate pasó la noche en la celda, en la que, además de cantar, preguntaba a gritos cuándo la dejarían salir.

El agente Hutt de la comisaría le dijo que saldría cuando pudiera cuidarse sola, y ella le aseguró inocente: «Ahora puedo». Finalmente, cuando estuvo sobria, la interrogaron para completar y corregir los registros de su ingreso. Afirmó llamarse Mary Ann Kelly y vivir en el número 6 de Fashion Street, pero no era verdad, ya que su verdadero nombre era Catherine Eddowes.

Katy salió libre a la una de la madrugada y no fue hacia Cooney's Lodging House para pasar la noche con John, sino que caminó en dirección contraria, hacia Aldgate High Street, donde horas antes se había emborrachado y donde cuarenta y cinco minutos después hallarían su cuerpo espantosamente mutilado.

En el Golden Lane Mortuary

Mitre Square estaba a diez minutos caminando desde la Estación de Policía de Bishopsgate y Catherine «Kate» Eddows fue encontrada allí por el agente Edward Watkins a la una y cuarenta y cinco de la noche, solo cuarenta y cinco minutos después de que se hallara el cadáver de Elizabeth «Liz» Stride.

La garganta había sido seccionada, su vientre tajeado completamente con una herida larga, profunda e irregular. A las dos de la madrugada, el doctor Frederick Gordon Brown llegó para ver el cadáver, y la autopsia fue realizada doce horas más tarde en el Golden Lane Mortuary.

Fue la primera víctima de Jack el Destripador con la cara y el cuerpo excesivamente mutilados y dañados. Su garganta mostraba un corte de seis o siete pulgadas de derecha a izquierda. Sus intestinos, fuera de sus entrañas, colgaban sobre su hombro izquierdo y había materia fecal sobre el cuerpo. Los cortes en el abdomen de las víctimas anteriores eran precisos y organizados, pero los de Kate eran erráticos y dentados.

Al examinar los órganos internos, el doctor Brown descubrió que el útero había sido cortado horizontalmente y removido; le faltaba el riñón derecho —no se halló en la escena del crimen—, y en el izquierdo había señales de la enfermedad de Bright, un mal producido por alcoholismo.

En su informe, Brown hizo varios comentarios: el asesinato había sido obra de una sola persona, y le había cortado la garganta tan repentinamente que ella no había podido gritar. También, afirmó que quien extirpó el riñón tendría algún conocimiento de anatomía; tal vez era médico, carnicero o trabajaba en un matadero, nadie más hubiera podido sacarlo tan rápidamente en medio de la oscuridad.

La noche del «doble evento», la Policía Metropolitana y la de la Ciudad de Londres se unieron en la investigación y encontraron pruebas cerca del camino que suponían que Jack el Destripador podía haber tomado. A las tres de la madrugada, poco después de que el doctor Brown hubiera examinado el cuerpo, se halló un trozo de tela cubierto de sangre y materia fecal en un pasadizo cercano. La tela coincidía con un desgarro en el delantal de Kate, elemento que sugería que, después del asesinato, Jack el Destripador había regresado para arrancárselo a la víctima.

En el mismo lugar donde habían encontrado el trozo de tela, hallaron una evidencia desconcertante. Se trataba de un grafiti escrito con tiza sobre la pared: «Los judíos son los hombres que no serán culpados por nada». Sin saber si estaba relacionado o no con el asesinato, pero temiendo que pudiera incitar a disturbios y violencia contra los judíos, dado que había muchos inmigrantes de esta religión en Whitechapel, Sir Charles Warren, Comisionado de la Policía Metropolitana, exigió lavarlo antes del amanecer.

Una multitud acongojada

Los funerales de Nichols, Chapman y Stride habían sido privados y silenciosos, tal como además querían las autoridades; pero el de Catherine Eddowes convocó a toda la ciudad. El 8 de octubre de 1888 la procesión salió de la morgue de Golden Lane, pasando a lo largo de Mile End Road, a través de las calles Bow y Stratford. No solo había gente apiñada en las calles, sino también en los tejados y las ventanas. Una gran multitud esperaba también en la puerta del cementerio Little Ilford, pero la gente no pudo ingresar. La policía prohibió la entrada, excepto a los más cercanos a la víctima: a su hija, Annie Phillips; a sus hermanas, Eliza Gold Harriet Jones, Emma Eddowes y Elizabeth Fisher, a John Kelly, su marido, y a algunos pocos más. En el ataúd de olmo pulido podía leerse esta leyenda en letras doradas: «Catherine Eddowes, murió el 30 de septiembre de 1888, 43 años de edad».

Sin embargo, el caso de la víctima más joven y atractiva volvió a conmover a la ciudad poco tiempo después.

Con su delantal blanco Mary Jane Kelly era una cara familiar en Whitechapel. Tenía 25 años, era alta, con cabello rubio, ojos azules y piel clara. Lo que se supo de ella provino de lo que le había contado a Joseph Barnett, su pareja.

Había nacido en 1863, en Limerick, Irlanda, y había vivido en Gales durante sus primeros años. De su madre poco se sabe; su padre, John Kelly, era herrero, y tenía seis o siete hermanos, y una hermana. Joseph Barnett creía que Mary Jane provenía de una familia de buen pasar, pero parecía estar sola en el mundo desde muy joven.

Con solo 16 años, en 1879, la muchacha se casó con John Davies quien, tres años después, murió trágicamente en la explosión de una mina de carbón. La joven viuda fue entonces a Cardiff, a vivir con una prima, pero se enfermó y fue internada en un hospital. En 1884, Mary Jane Kelly se mudó a Londres y se alojó en el Refugio Nocturno de Providence Row. Como empleada de limpieza, apenas ganaba para sus gastos y poco tiempo después, se mudó al West End. Allí trabajaba y vivía en un burdel de clase alta, a cargo de una mujer francesa, según *The Press Association*. Pero nunca se quedó mucho tiempo en ningún sitio. Mary Jane vivió en un cuarto en St. George Street, pero fue expulsada por

Fotografía policial del cadáver de Mary Jane Kelly, hallado en el número 13 de Miller's Court, el 9 de Noviembre de 1888. Le habían sacado los órganos y removido las vísceras. Algunas estaban esparcidas por la habitación, otras debajo de su cabeza. La piel de sus muslos y abdomen había sido extraída y puesta en trozos sobre la mesilla de luz, junto a la nariz y parte de una oreja. Los senos y la cara estaban tajeados, su rostro desfigurado. Jack el Destripador había tenido tiempo e intimidad para hacer lo que quiso con Mary Jane.

beber; así que se alojó en la pensión de la señora Carthy, y en 1886 recaló en la de Cooley.

Joseph Barnett entró en su vida un viernes santo de 1887. Sus padres eran irlandeses, pero él había nacido en Londres, en 1858. Había trabajado en los muelles y era portero del Billingsgate Fish Market. Joseph y Mary Jane vivieron juntos en St. George Street y luego en Dorset Street, pero los desalojaron por no pagar el alquiler y emborracharse habitualmente. Mary Jane hacía trabajos ocasionales y cuando Barnett perdió su empleo, se atrasaron en el pago del alquiler y sumaron multas por embriaguez pública.

Era de buen corazón...

Las cosas en la pareja fueron poniéndose cada vez peor. Había dos cosas que contrariaban a Barnett: que Mary se prostituyera y que, por terror al asesino que rondaba por Whitechapel, ella permitiera que otras prostitutas que no tenían dónde ir pasaran la noche con sus parejas en el pequeño cuarto de ambos.

«Ella solo les dejó porque era de buen corazón», diría más tarde Barnett a los investigadores. «Me opuse [...], me fui y me alojé en otro sitio». Para evitarle esa vida, Barnett continuó sin embargo dándole el poco dinero que ganaba y visitándola todos los días; la quería.

El 8 de noviembre de 1888, Barnett pasó a saludarla a las siete de la tarde y se despidió de ella a las siete cuarenta y cinco. Nunca más estarían juntos. Cuando Joseph Barnett volvió a ver a Mary Jane Kelly, lo único que pudo reconocer de su cuerpo fueron sus ojos y su cabello.

Seis semanas de retraso tenía Mary Jane Kelly en el pago del cuarto que alquilaba en el número 13 de Miller's Court. Desde Dorset Street y por un pasadizo, se llegaba a su pequeña habitación ubicada en una esquina del patio. Tenía una puerta a un lado y dos ventanas a la vuelta. Su casero, John McCarthy, mandó a Thomas Bowyer, su dependiente, a cobrarle el 9 de noviembre, cerca de las once de la mañana. Bowyer llamó a su puerta, pero al no recibir respuesta, dobló la esquina del patio para espiar por una ventana que tenía unos cristales rotos. Metió la mano para correr la cortina sin saber si Kelly estaba allí, pero sorpresivamente vio sangre.

Mucha sangre…, entonces corrió a buscar a su patrón. Con temor por lo que Thomas Bowyer le había contado, John McCarthy descorrió lentamente la cortina y contempló un cadáver ensangrentado, destrozado, imposible de reconocer. Envió a Bowyer a buscar un policía y en Commercial Street, el muchacho se encontró con el inspector Walter Beck y el detective Walter Dew. Apenas podía articular palabra: temblando, les dijo que había otro cadáver de Jack el Destripador.

Al llegar, los oficiales vislumbraron la carnicería a través de la ventana rota. De inmediato, dieron aviso al inspector Abberline, quien estaba a cargo de la investigación de los asesinatos atribuidos a Jack el Destripador, y al doctor George Bagster Phillips.

Una vela que iluminaba tenuemente la habitación permitía contemplar el cadáver semidesnudo de Mary Jane Kelly. Llevaba solo una camisa ligera y su ropa estaba doblada cuidadosamente sobre una silla, salvo algunas prendas quemadas en la chimenea. Esto sugería que se había desnudado antes de acostarse, porque conocía a su asesino o porque lo suponía un cliente. Abberline pensó que el homicida había quemado la ropa para proporcionarse luz.

Mary Jane se encontraba en el medio de la cama, ubicada contra una pared del cuarto. Su cuerpo estaba ligeramente inclinado hacia el lado izquierdo del colchón, la cabeza descansaba sobre la mejilla izquierda y la cavidad abdominal estaba vacía. La cama se hallaba empapada en sangre, y el doctor Phillips declaró, sin dudarlo, que la causa de muerte era «la ruptura de la arteria carótida» y no la asfixia: los tejidos del cuello habían sido cortados hasta el hueso.

Y eso era solo el principio. El abdomen había sido abierto, todas sus vísceras removidas y esparcidas sobre el cuerpo y también por la habitación; el útero, los riñones y un seno estaban debajo de la cabeza de la víctima. El pulmón izquierdo se veía desgarrado y el corazón había desaparecido. El asesino había tomado los colgajos de piel, que había quitado cuidadosamente de los muslos y del abdomen de Mary Jane, y los había apilado uno encima de otro sobre la mesita de noche, junto a la nariz y parte de una oreja. Más girones de piel colgaban también de un cuadro de la habitación.

El asesino se había ensañado con su cuerpo, había tajeado los senos, mutilado su cara, y cercenado hasta el hueso los muslos de las piernas, que estaban abiertas en ángulo recto; además, el brazo derecho había sido parcialmente desarticulado del torso. La cara de Mary estaba completamente desfigurada. Sus labios, mejillas y cejas habían sido cortados reiteradas veces. Presumiblemente, sin la presencia de la policía rondando sus pasos y amparado en la intimidad de una habitación, el asesino tuvo todo el tiempo y la privacidad que quiso para llevar sus compulsiones al máximo, mucho más allá de lo que ya había hecho en las calles de Whitechapel.

¿Cuáles fueron sus últimos pasos?

¿Qué hizo Mary Jane Kelly después de que se fue Barnett? Es confuso. Alguien contó que estuvo bebiendo con una amiga en el pub Ten Bells; otros dijeron que, a las once de la noche, ya borracha, bebía con un hombre joven, respetable y con bigote oscuro en el Britannia.

Mary Ann Cox, una prostituta que vivía en el número 5 de Miller's Court, regresó a su casa a las once cuarenta y cinco para calentarse, y dijo que la vio con un hombre. «Era bajo, corpulento, con la cara manchada. Parecía tener treinta y tantos años. Tenía un bigote corto y de color zanahoria, un sombrero de cazador, un abrigo largo y oscuro en mal estado y un cubo de cerveza de un cuarto de galón», señaló luego a la Policía. Contó que al pasar les deseó buenas noches, y dijo que Mary Jane la saludó y con voz de borracha le respondió que iba a «tener una canción». Todos en Miller's Court estaban acostumbrados a sus melodías irlandesas producto de sus borracheras. Y era verdad: Cox, Catherine Pickett con su esposo y otros vecinos recordaron que Mary Jane había cantado hasta las doce y media de la noche.

A las dos, un hombre que pasaba por allí, llamado George Hutchinson, se cruzó con un sujeto parado en la esquina de Commercial y Thrawl, y luego se topó con Mary Jane a pocos pasos, quien le pidió seis peniques, pero él se los negó dado que ya había gastado su dinero.

Mary Jane caminó entonces hasta la esquina y habló con el hombre que estaba parado allí. Hutchinson se detuvo a observar: él le apoyó la mano en el hombro y, si bien no escuchó qué se dijeron, pudo distinguir una carcajada. De inmediato, ambos se encaminaron hacia Dorset Street. Los siguió hasta Miller's Court, vio en ese momento cómo Kelly lo besaba y lo dejaba entrar.

Luego esperó frente a la puerta hasta que el reloj diera las tres, pero como nadie salía de la habitación, supuso que pasarían allí la noche y se fue. En su declaración, el testigo dijo que el hombre tenía tez pálida, bigote pequeño, cabello oscuro y cejas pobladas; que llevaba un sombrero de fieltro, un abrigo largo y oscuro, polainas sobre las botas, un paquete en su mano izquierda y que tenía «apariencia judía».

A Elizabeth Prater, la despertó su gatito a las cuatro de la madrugada, y escuchó que alguien gritaba: «¡Asesino!». Sarah Lewis, que se alojaba con amigos en el vecindario, escuchó lo mismo. Sin embargo, esta exclamación era tan común en Whitechapel, que ninguna de ellas se preocupó. Estos testimonios apoyaron la hipótesis de la Policía de que había sido asesinada entre las tres y las cuatro de la madrugada.

En el certificado de defunción, la víctima figura como «Marie Jeanette Kelly». En medio de escenas de gran dramatismo, el 19 de noviembre de 1888, una multitud de londinenses conmocionados y desolados bloqueó las calles, y el cortejo pugnó entre ellos para llegar hasta el cementerio católico de Leytonstone en Langthorne Road, a unos 11 km de Whitechapel. Fue enterrada en la fosa común número 66.

La prensa estaba presente y el *Daily Telegraph* informó que no encontraron a nadie de su familia en el funeral. The *Illustrated Police News* se abstuvo de su tono sensacionalista habitual e hizo una descripción sombría: «Hombres y mujeres luchaban desesperadamente por tocar el ataúd. Las mujeres con rostros llenos de lágrimas gritaron: "¡Dios, la perdone!". Y la cabeza de cada hombre estaba desnuda en señal de simpatía», con los sombreros y las gorras en las manos, y la cabeza inclinada, en señal de respeto.

Sin duda, cometidos por la misma mano...

Los doctores Thomas Bond y George Bagster Phillips redactaron el informe *post mortem* de la autopsia de Mary Jane Kelly, pero la carnicería era tan execrable que fragmentos de la investigación se suprimieron para la información pública.

El 10 de noviembre de 1888, Thomas Bond escribió a Robert Anderson, jefe del Departamento de Investigación Criminal de Londres, detallando las similitudes entre los asesinatos de Mary Ann Nichols, Annie Chapman, Elizabeth Stride, Catherine Eddowes y Mary Jane Kelly, y concluyó: «sin duda, cometidos por la misma mano». Ese mismo día, las autoridades resolvieron ofrecer un perdón a cualquier cómplice que presentara información que permitiera atrapar al asesino: Jack el Destripador.

El Comisionado de la Policía Metropolitana informó que el asesino de Whitechapel seguía sin ser identificado, a pesar de los cientos cuarenta y tres policías vestidos de civil adicionales que patrullaban las calles en esos meses.

Víctimas no confirmadas

En el expediente policial llamado los «Asesinatos de Whitechapel», se registraron otros 6 asesinatos ocurridos entre 1888 y 1891, además de los cinco anteriores. Para la Policía y la investigación oficial, las muertes de Mary Ann Nichols, Annie Chapman, Elizabeth Stride, Catherine Eddowes y Mary Jane Kelly fueron consideradas como obra de Jack el Destripador; por eso se los conoce como los «cinco canónicos». Los otros seis ataques fueron relacionados con Jack el Destripador, pero no presentan el mismo *modus operandi*, por lo que existen dudas de que él haya sido el autor.

Uno de ellos es el caso de Annie Millwood. La mujer ingresó en la enfermería de Whitechapel con heridas de arma blanca en las piernas y el torso, el 25 de febrero de 1888, es decir mucho antes de la primera víctima canónica cuyo ataque ocurriría en agosto de ese mismo año. Fue dada de alta, pero falleció una semana después. Algunos la consideran la primera víctima de Jack el Destripador, pero nunca se pudo vincular este ataque con el asesino de las otras cinco víctimas. Solo un mes después, el 28 de marzo de 1888, otra mujer fue víctima de un ataque. Se trata de Ada Wilson quien fue apuñalada dos veces en el cuello y sobrevivió.

Unos días después, el 3 de abril de 1888, Emma Smith, una prostituta del barrio, fue golpeada y violada en Osbourn Street de modo cruel: sus agresores le insertaron con violencia un objeto duro en su vagina, provocándole la muerte al día siguiente. Antes de caer en coma, dijo a la policía que la habían atacado entre dos y tres hombres. Los investigadores consideraron que había sido una de las pandillas que acosaban a mujeres desamparadas de Whitechapel, exigiéndoles dinero a cambio de «protección», pero después la prensa asoció esta muerte con los crímenes posteriores de Jack el Destripador.

El cruel asesinato de Martha Tabram, una vendedora ambulante y prostituta del East End, ocurrió en la madrugada del 7 de agosto de 1888. La noche anterior, había salido a beber con una amiga y dos soldados. A medianoche, las jóvenes se emparejaron con sus clientes y ella fue hacia los edificios de George Yard, en Wentworth Street. Alrededor de las 5 de la mañana, uno de los residentes, la encontró en el hueco de la escalera.

La luz de la madrugada le permitió ver sus horribles heridas: la habían apuñalado en el pecho con una daga, y con una navaja de bolsillo, 39 veces en su garganta, pecho y abdomen inferior. Como ocurrió con Annie Millwood, muchos consideran que Martha fue la primera víctima de Jack el Destripador, por la proximidad de su asesinato con los otros y la brutalidad del ataque. Sin embargo, los patrones de las heridas diferían de los de Nichols, Chapman, Stride, Eddowes y Kelly, además, no había sido mutilada.

Poco después del último asesinato atribuido a Jack el Destripador, Rose Mylett (o Milett), una prostituta de 30 años apodada «Lizzie Davis», fue asesinada el 20 de diciembre de 1888. El caso fue llamado «Caso de Poplar», debido a que fue encontrada en Clarke´s Yard, sobre la calle Poplar. Podría haber sido un suicidio, ya que el cuerpo fue encontrado colgado del cuello y atado con un pañuelo de la propia víctima; pero la posición de la lengua dentro de la boca no coincidía con la de un auténtico suicidio.

Otra mujer apareció asesinada medio año después de los cinco asesinatos atribuidos a Jack el Destripador, el 17 de julio de 1889. Alice McKenzie, conocida por su apodo «Pipa de arcilla», ya que siempre llevaba una pipa colgada al cuello, tenía 40 años y vivía en el 52 de Gun Street, en Whitechapel.

El doctor Thomas Bond, quien había participado en la autopsia de Mary Jane Kelly, fue uno de los médicos que actuó como forense, atribuyó este crimen al asesino que andaban buscando, el mismo de las otras víctimas. Sin embargo, esa opinión contrastó con la del doctor George Bagster Phillips, quien también había trabajado en la autopsia de Mary Jane, y Frederick Gordon Brown. Ellos creyeron que el crimen no era obra de Jack el Destripador.

Capítulo 3

UNA INVESTIGACIÓN INFRUCTUOSA

Los asesinatos del «Otoño del Terror» de 1888 fueron diferentes a todo lo que la Policía había visto hasta entonces. Indudablemente, estaban acostumbrados a la violencia en sus calles, a los asesinatos relacionados con pandillas y a los delitos denominados «desgarros»: robos, asesinatos por venganza, violencia doméstica y violencia ejercida al azar por algunos delincuentes para que se les temiera; pero estas muertes eran diferentes.

Aunque el asesinato de prostitutas era frecuente, los investigadores no estaban habituados a ver esa crueldad en las escenas de los crímenes ni a la reiteración de homicidios con tal barbarie. En esa época, el término «asesino en serie» aún no había sido acuñado. Tampoco estaban familiarizados con ese arquetipo o modelo de asesino.

Esas son las razones por las que estaban tan perplejos ante la actuación del «Asesino de Whitechapel», como fue conocido primero, bautizado más tarde por la prensa como «Mandil de cuero» luego y, finalmente, como «Jack el Destripador», al recibirse la primera carta del asesino a la Policía denominada «Dear Boss» ("Querido Jefe"), texto del encabezamiento.

Los archivos policiales sobre los «Asesinatos de Whitechapel» muestran una visión detallada del procedimiento de investigación de la época victoriana, que no difiere mucho del actual. A pesar de los dichos socarrones de la prensa contra la Policía, lo cierto es que la investigación fue profunda e intensa. Más de 2.000 personas fueron entrevistadas; más de 300, investigadas y 80 fueron detenidas. Primero, se envió a un numeroso grupo de policías al East End para que investigara casa por casa, buscando cualquier información o prueba que pudiera aportar algún dato. Después, todo el material forense —es decir, algunos restos de los cuerpos, autopsias, muestras de tejidos y telas— fue recogido, catalogado y analizado, y la Policía examinó todo minuciosamente.

Jack el Destripador era un asesino oportunista, y eso dificultaba la tarea del inspector Abberline y de sus compañeros.

Los sospechosos fueron identificados, rastreados y examinados escrupulosamente antes de descartarles. Por la rapidez de los ataques y la forma de las mutilaciones, cortes, destripamiento y extracción de órganos, algunos especularon que el asesino tenía las habilidades de un médico o carnicero.

Otros, por el contrario, opinaron que las heridas eran demasiado crudas para ser obra de un profesional, pero igualmente se investigaron las coartadas de carniceros y matarifes. Un informe del jefe inspector Donald Sutherland Swanson al Ministerio del Interior confirma que se visitó y examinó un total de 76 carnicerías y mataderos, y que la investigación había abarcado a todos los que habían trabajado en ellos durante los seis meses anteriores.

Se llegó a pensar, también, que el culpable era un extranjero, un judío, o un marinero que estaba de paso por la ciudad. Al fin de cuentas, Whitechapel estaba cerca de los muelles y, por lo general, los barcos atracaban los jueves o viernes y zarpaban el sábado o el domingo. Se examinaron meticulosamente las fechas de arribos y salidas, pero ninguno de los asesinatos coincidió con el desplazamiento de un solo barco, y no era factible que un mismo individuo integrara la tripulación de varias embarcaciones.

Si bien los exámenes *post mortem* determinaban la causa de la muerte de cada una de las víctimas, los resultados de las autopsias generaron a menudo desacuerdos entre médicos y forenses, porque muchos de estos últimos eran funcionarios con conocimientos básicos de anatomía.

A pesar de todo este trabajo y esfuerzo, ese otoño de 1888, Jack el Destripador pudo asesinar, mutilar a su antojo, eludir la vigilancia policial que patrullaba las calles de Whitechapel casi a la vuelta de la esquina y sembrar el terror incluso entre los policías de civil que inundaron las aceras.

Portada del 28 de septiembre de 1889 dedicada a Jack el Destripador del semanario *The Illustrated Police News* («Noticias policiales ilustradas»), que incorporaba relatos policiales narrados de modo sensacionalista y melodramático con imágenes de personajes y ambientes de las escenas criminales.

...TED
...RECORD.

NEWS

...8. 1889.   Price One Penny.

THE SECRET ACTIONS OF JACK THE RIPPER.

JACK THE RIPPER SEEN WASHING HIS HANDS ON THE MORNING OF A MURDER.

HIS FOOTSTEPS ARE PERFECTLY NOISELESS.

...RING ATTEMPT TO ADD ...M TO HIS FEARFUL RECORD.

Policías y detectives de Scotland Yard

Inicialmente, la tarea fue realizada por el Departamento de Investigación Criminal (CID) de la División de Whitechapel (H) de la Policía Metropolitana, encabezado por el inspector detective Edmund John James Reid.

Después del asesinato de Mary Ann Nichols, los inspectores detectives Frederick Abberline, Henry Moore y Walter Andrews fueron enviados por Scotland Yard para ayudar. Se creyó que el conocimiento de Abberline sobre el distrito podría ser útil, que algún rufián se convertiría en informador y entregaría al asesino a la policía.

Pero Jack el Destripador actuaba solo y no estaba relacionado con los criminales del barrio, de modo que esta línea de investigación terminó por fracasar. Como el asesinato de Catherine Eddowes había ocurrido dentro de Londres, se hizo cargo de esa averiguación el inspector detective James McWilliam, perteneciente a la Policía de la Ciudad de Londres, pero no hubo mayores resultados.

En aquel entonces no había técnicas forenses ni análisis de huellas digitales, y la policía solo podía esperar obtener confesiones de los asesinos, atrapar al perpetrador en el acto o en posesión de pruebas que le vincularan claramente con un delito.

Y la prensa no perdía oportunidad de resaltarlo. Así el *Daily News* publicó el 13 de octubre de 1888: «La policía no hace ningún intento por ocultar el hecho de que arresto tras arresto, cada uno igualmente infructuoso, ha producido en las mentes oficiales un sentimiento casi de desesperación».

El fracaso constante de la Policía en capturar a Jack el Destripador siguió desatando críticas en los periódicos londinenses. A diario, caricaturas satíricas y artículos mordaces se burlaban de los inútiles esfuerzos policiales. El principal blanco fue el Comisionado de Policía Sir Charles Warren, quien había tomado varias decisiones incorrectas, como borrar el grafiti en el caso de Catherine Eddowes, así como haberse negado a ofrecer una recompensa. Como resultado, Warren presentó su renuncia el 9 de noviembre de 1888, el mismo día en que se halló el cuerpo de Mary Jane Kelly, la última víctima.

A principios de 1889, el inspector Abberline regresó a Scotland Yard para ocuparse de otros casos criminales; entonces la investigación de los asesinatos de Whitechapel continuó, ahora en manos del inspector Henry Moore. Sin embargo, a pesar de la extensa y minuciosa investigación, Jack el Destripador nunca fue detenido ni identificado.

Las recompensas

Reiteradamente, los ciudadanos solicitaron que se ofreciera una recompensa por información que condujera al arresto de Jack el Destripador o a quien le encontrara. Se dijo que, si el Gobierno la hubiera ofrecido después de la muerte de Martha Tabram, probablemente los asesinatos de Mary Nichols y Annie Chapman se hubieran evitado.

El 31 de agosto, L.P. Walter envió una carta al departamento policial británico pidiendo que se ofreciera una bonificación a quien capturara a «Mandil de Cuero», pero fue rechazada al instante.

De todos modos, dijera lo que dijera la Policía, muchas otras personas ofrecieron un incentivo económico para atrapar al asesino. Así, por ejemplo, Samuel Montagu, primer barón de Swaythling quien el 10 de septiembre de 1888 prometió 100 libras esterlinas a quien aportara datos sobre el asesino. Y no fue el único, la misma suma fue propuesta por Sir Alfred Kirby unos días después, más un grupo de diez hombres de milicia.

Asimismo, el 30 de septiembre, George Lusk, líder del Comité de Vigilancia de Whitechapel, mandó una carta al Home Office —la segunda la enviaría el 2 de octubre—, para que reconsiderara su negativa. El 1 de octubre, también un diario, *The Financial News*, ofreció 300 libras de recompensa, y ese mismo día, el Lord Mayor de Londres subió la apuesta y propuso la cifra de 500 libras a quien diera información sobre la identidad de Jack el Destripador. Por su parte, ADIP Walter and Saunders Peterfields, una industria textil, solicitó asimismo al Ministerio Interior de Londres la posibilidad de una recompensa, y ofreció también la suma de 500 libras a quien diera información sobre del asesino de Catherine Eddowes.

Ante las críticas, el Secretario de Estado, Sir William Harcourt, consultó con autoridades policiales de Inglaterra y de Irlanda. El efecto no fue positivo. La conclusión fue que «ofrecer recompensas sensacionales en casos de delitos graves es ineficaz (...) produce, en general, un resultado no práctico más allá de satisfacer una demanda pública de acciones conspicuas, que operan de manera perjudicial, relajando los esfuerzos de la policía, y que han tendido a producir testimonios falsos en lugar de confiables».

De este modo, decidió no ofrecer ninguna recompensa, porque era un obstáculo en la investigación y animaba a la gente a dar informaciones falsas con la esperanza de conseguirla.

Entonces, las críticas avivaron otra vez la polémica. La Policía fue acusada de no esforzarse por averiguar quién era Jack el Destripador, y tanto la prensa como los ciudadanos especulaban con que, si los crímenes hubiesen ocurrido en los barrios más ricos de Londres, el esfuerzo de las autoridades hubiera sido mayúsculo, lo que según ellos no era el caso.

Pero eso no parece ser verdad, como dijimos, porque hubo aparentemente una investigación profunda y extensa, incluso en el tiempo. Las patrullas especiales y la presencia policial en Whitechapel no se extinguieron luego de los asesinatos; llegaron hasta abril de 1890, más de un año después del último asesinato denominado «canónico», el de Mary Jane Kelly. Miembros del CID muy profesionales y famosos, como Melville Macnaghten y Donald Sutherland Swanson, continuaron estudiando el caso de Jack el Destripador y haciendo sus propias especulaciones sobre la identidad del asesino, sin resultados.

Muchos sospechosos y ningún culpable

Hay muchas y variadas teorías sobre la identidad y la profesión de Jack el Destripador, pero las autoridades de entonces y los estudiosos que siguieron investigando los hechos no están de acuerdo con ninguna de ellas. La lista de potenciales sospechosos era enorme y fue creciendo a lo largo de las décadas —supera los 200 incriminados—, aunque la Policía investigó particularmente a algunos de ellos.

Montague John Druitt, Aaron Kosminski y Michael Ostrog

En 1894, Sir Meville Macnaghten redactó un memorándum donde nombraba a tres posibles sospechosos, pero solo había evidencia circunstancial contra ellos. Se trataba de: Montague John Druitt, Michael Ostrog y Aaron Kosminski. Creía que a Ostrog se le podía descartar porque era un hombre mayor, estafador, ladrón y que posiblemente habría estado en Francia ese otoño.

Montague John Druitt, de buena familia, era un abogado de 40 años y profesor en una escuela de la que fue despedido el 19 de noviembre de 1888. Su cuerpo fue encontrado el 31 de diciembre de 1888, en el Támesis con piedras en los bolsillos. A su madre la habían ingresado en un psiquiátrico poco antes y había antecedentes de enfermedad mental en su familia.

Pero había datos de los crímenes que no encajaban, Annie Chapman había sido asesinada cerca de las seis de la mañana del 1 de septiembre y Druitt vivía a kilómetros de Whitechapel, del otro lado del Támesis, en Kent, y en el momento del crimen estaba en Dorset, jugando al cricket a las once y media. A pesar de esto, Sir Macnaghten seguía considerándole sospechoso.

Aaron Kosminski, por su parte, era un judío polaco admitido en Colney Hatch Lunatic Asylum en 1891. Fue señalado como probable culpable de los crímenes por Paul Begg, aunque no pudiera demostrarlo. En *The Lighter Side of My Official Life*, las memorias y notas de Sir Robert Anderson —pueden hallarse en el Museo Negro de

Scotland Yard—, el Inspector Swanson había añadido al margen de donde Anderson establecía que Jack el Destripador era un judío polaco: «Kosminsky era el sospechoso». En 1987, Martin Austin Fido, escritor y profesor que escribió sobre Jack el Destripador, buscó en los registros del asilo y encontró un solo Kosminski, quien mientras estuvo internado en el psiquiátrico se mostró como un hombre inofensivo que sufría alucinaciones auditivas y padecía un miedo paranoico a ser alimentado por otros. Además, se negaba a lavarse y tenía tendencia al «autoabuso»; no parecía un asesino despiadado.

El sospechoso favorito del inspector Abberline

El sospechoso favorito del Inspector Abberline —y de otros policías como Philip Sugden—, fue Severin Klosowski, alias «George Chapman».

Klosowski era un inmigrante polaco, que había estudiado cirugía en su país. Vivía y trabajaba como barbero en Whitechapel durante el año de los asesinatos, 1888. Además, su personalidad lo hacía un buen candidato a psicópata. Esto quedaría demostrado unos años más tarde cuando envenenó a sus tres esposas. En concreto, es difícil asociarlo a un asesino mutilador de desconocidas; además, es poco común que un asesino en serie cambie su *modus operandi*.

Tal vez con la premisa de desacreditarlo, H. T. Haslewood, de Tottenham, acusó al sargento William Thicke de ser Jack el Destripador. El cargo está registrado en una carta dirigida al Ministerio del Interior y fechada el 10 de septiembre de 1889. La acusación, presuntamente maliciosa, fue desestimada por carecer de fundamento.

Francis Tumblety, el curandero

Francis Tumblety, un curandero irlandés-estadounidense mentalmente enfermo, que estuvo en Londres durante el año de los asesinatos, era el candidato de Stewart P. Evans y de algunos otros dentro de la policía. Había tenido múltiples encuentros con la ley, y tenía dos características más que peculiares: sentía una fuerte aversión a las mujeres y poseía una colección de úteros.

Le arrestaron como sospechoso, pero le liberaron bajo fianza, por no tener pruebas contundentes contra él. Además, su descripción física —era muy alto— no correspondía con la que ofrecían los testigos. Quizá fuera un psicópata, pero no era Jack el Destripador, el asesino de Whitechapel.

Un aristócrata, Lewis Caroll y otros sospechosos

Si bien el expediente policial se cerró formalmente en 1892, es decir, cuatro años después de los asesinatos de 1888, continuaron emergiendo nuevos sospechosos que podían ser Jack el Destripador. Y no se trató de sospechosos cualesquiera, sino de personas reconocidas e importantes en la sociedad victoriana, y lo más extraño, casi todas ellas tenían razones para ser culpables.

En aquel entonces, los barrios marginales eran atractivos para las clases medias y altas, que iban allí buscando emociones fuertes gracias a las prostitutas, los burdeles y en general, todo lo que bulle en los bajos fondos de la sociedad, por lo que muchos intuyeron que la verdadera identidad de Jack el Destripador correspondía a lo que los ingleses llaman un «toff», un "aristócrata".

Robert D'Onston Stephenson tenía casi 50 años en la época de los asesinatos. Bebedor y jugador —su apodo en el juego era «Sudden Death» ("Muerte Súbita")—, se convirtió en sospechoso cuando el periodista O'Donnell sugirió la hipótesis de que los asesinatos estaban relacionados con rituales de Magia Negra, tema sobre el que escribió en su libro *Manuscrito O'Donnell* (1958). No es el único que lo piensa, diversos autores defienden la misma idea sobre el culpable.

También se especuló con que el criminal podía ser un hombre educado de clase alta. Al respecto, en noviembre de 1970, el cirujano británico Thomas E. A. Stowell publicó *Jack, el destripador: ¿una solución?* en *The Criminologist*.

No dijo el nombre de su sospechoso, pero describió en detalle la familia, su apariencia física y los apodos..., no hacía falta abundar más: todo apuntaba al Duque de Clarence, hijo primogénito de Eduardo, príncipe de Gales, que luego reinó como Eduardo VII.

Y la hipótesis no era una idea alocada, todo lo contrario. Al joven Alberto Víctor, le gustaba cazar ciervos y luego descuartizar a sus presas. Además, había un dato que le incriminaba directamente: se sabía que frecuentaba los prostíbulos de Whitechapel, que sufría de inestabilidad emocional y que fue ingresado en una clínica y murió en 1892 a los 28 años, quizá de sífilis. Thomas Stowell comparó la evisceración de las mujeres con el destripamiento de ciervos cazados por el aristócrata, pero había un dato que no coincidía... el Duque estaba en Escocia en las fechas de dos de los asesinatos.

Scotland Yard también barajó la posibilidad de que el asesino fuera Lewis Carroll, el célebre autor de *Alicia en el País de las Maravillas*, argumentando que, en su poema *Jabberwocky* había una confesión escrita con anagramas. De todos modos, nunca se presentaron pruebas suficientes para dar lugar a estas conjeturas.

Wynne Weston–Davies, por su parte, plantea en su libro *The Real Mary Kelly* (2015) que el Destripador fue Francis Craig, periodista especializado en temas judiciales en el East End. Por casualidad, el autor descubrió que la verdadera identidad de Mary Kelly, última víctima del Destripador, era su propia tía abuela, Mary Kelly Elizabeth Weston Davies. Al profundizar en la investigación, llegó a la conclusión de que el asesino era el exmarido de Mary Kelly.

En 2011, tuvo la oportunidad de revisar los documentos de National Archives que atestiguaban que Elizabeth Weston Davies se había casado con Francis Craig, quien la demandó por divorcio y la siguió hasta Spitalfields después de que le dejara. En su libro cree poder demostrar que el asesino fue Craig, quien probablemente sufriera un trastorno esquizofrénico de la personalidad. La solidez de su teoría y los datos que aportó contribuyeron con la decisión del Gobierno británico para autorizar por primera vez la exhumación del cadáver de una de las víctimas de Jack el Destripador. Al parecer, los resultados no se hicieron públicos.

El misterioso Dr. Stanley y «la pista Buenos Aires»

En 1926, Leonard Matters propuso en un artículo que Jack el Destripador era un médico eminente cuyo hijo había muerto de sífilis, contagiado por una prostituta y que, con el seudónimo de «Dr. Stanley», asesinó por venganza y huyó a la Argentina. Se conoce a esta teoría como «la pista de Buenos Aires».

Matters, que vivió en Buenos Aires y trabajó como periodista en el diario *The Buenos Aires Herald*, obtuvo datos poco divulgados con los que escribió su libro *El misterio de Jack, el Destripador* (1929).

En esta línea, en 1972, el periodista británico Daniel Farson publicó que el Destripador tuvo una vida tranquila en Buenos Aires y fue propietario de un bar sobre la calle 25 de Mayo, llamado «Sally´s Bar». En aquellos años esa calle, parte del «Bajo» de la ciudad y muy próxima al puerto, contaba con numerosas cantinas a las que las prostitutas concurrían por las noches en busca de marineros y gente del hampa, que eran su habitual clientela.

Walter Sickert, pintor

En 1973, la BBC investigó los asesinatos para la serie *Jack el Destripador*, mezcla de documental y drama. En el último programa, entrevistaron a Joseph Gorman, quien afirmó ser el hijo ilegítimo del pintor Walter Sickert y que su padre le había contado una historia que comprometía a la familia real. Según él, su abuela católica se había casado en secreto con Albert Victor de Clarence, y su madre, como hija legítima de él, era heredera al trono. Sostuvo que los asesinatos se organizaron para matar a cualquiera que supiera del nacimiento y silenciar el escándalo.

El periodista Stephen Knight investigó esas afirmaciones en *Jack the Ripper: The Final Solution* (1976). Allí especuló que Sickert se vio obligado a ser cómplice de la conspiración para encubrir el matrimonio secreto que involucró a la familia real británica, a la masonería y al mismo pintor Walter Sickert. Varios hechos contradicen su teoría y su fuente porque Joseph Gorman después se retractó y admitió el engaño. Sin embargo, Jean Overton Fuller, en *Sickert and the Ripper Crimes* (1990), sostiene que Sickert era, en efecto, Jack el Destripador.

La genética y el chal

Los avances de la genética permitieron revisar algunas pruebas. En marzo de 2007, el empresario Russell Edwards, autor de *Dándole un nombre a Jack el Destripador* (2014) compró un chal de Catherine Eddowes que había llegado a una casa de subastas, pasando de generación en generación en la familia de David Melville-Hayes, quien aseguraba que habría pertenecido a su tatarabuelo, el sargento Amos Simpson, uno de los oficiales que había estado presente en la escena del crimen. Amos pidió a Scotland Yard que se llevara el mantón para regalárselo a su mujer, quien lo rechazó al ver la sangre. A pesar de todo, sin embargo, nunca se pudo probar la autenticidad de la prenda.

El mismo chal fue examinado en 2011 por Jari Louhelainen, experto en genética y profesor de la Universidad de Liverpool, quien descubrió que la sangre del chal provenía del cuello de la víctima y que tenía, además, manchas que parecían de semen. Conjuntamente, identificó una célula del riñón de la víctima, lo que confirma que Catherine Eddowes fue la mujer que utilizó la prenda en el momento de su muerte. Karen Miller, descendiente de Catherine Eddowes, dio una muestra de ADN al profesor Louhelainen y el resultado arrojó una correlación perfecta entre ambas.

Era la primera vez que una prueba biológica se relacionaba de manera directa con la escena de alguno de los crímenes de Jack el

Destripador. Más complicado fue analizar el semen, pero gracias a David Miller, se encontró epitelio probablemente de la uretra del asesino. Llamativamente, una descendiente de la hermana de Kosminski —uno de los principales sospechosos a quien ya hemos mencionado— dio una muestra de ADN de su boca y los investigadores hallaron una correlación perfecta entre las células del chal y la de la familia Kosminski.

Incriminación falsa

En 1993, apareció el presunto diario de un tal James Maybrick, comerciante de Liverpool, en donde se relataban los crímenes y el supuesto canibalismo. En esas páginas, el autor confesaba haber escrito la carta de «From Hell» ("Desde el infierno") firmada por Jack el Destripador, que recibió el presidente del Comité de Vigilancia George Lusk en octubre de 1888, donde asumía ser el asesino de los crímenes de Whitechapel. Estudiosos de estos diarios señalan que el mismo no aporta datos novedosos, que la letra no coincide con la de la carta y que, además, la tinta no es de la época. Un fiasco, en suma.

¿Una mujer?

En 2006, el profesor Ian Findlay se centró en analizar el ADN del sello de una de las cartas supuestamente escritas por Jack el Destripador. La conclusión fue llamativa: su hipótesis era que el asesino podría haber sido una mujer. No hay que descartar que está reconocido que hubo falsificaciones en las cartas. Sin embargo, a partir de este descubrimiento, algunos teorizaron que Jack el Destripador no era un hombre, sino una mujer lo suficientemente fuerte como para haber mutilado los cuerpos de las prostitutas.

A pesar del continuo interés, la identidad de Jack el Destripador sigue siendo desconocida y el caso permanece desde 1888 sin resolver hasta hoy. Un enigma de más de un siglo que continúa en el más profundo de los misterios.

James Maybrick, el comerciante que decía haber firmado la carta «From Hell» ("Desde el infierno") y ser el famoso criminal.

El «Comité de Ciudadanos»

«La gallina ciega» fue el dibujo de John Tenniel que la revista *Punch*, de la que era colaborador habitual, publicó el 22 de septiembre de 1888. Tenniel fue un gran dibujante, autor de las primeras ilustraciones de *Alicia en el País de las Maravillas* de Lewis Caroll, cuya primera edición se publicó en 1865. En la imagen, se veía a un policía con los ojos vendados y los brazos extendidos en medio de un grupo de rufianes. Se trataba ciertamente de una crítica a la supuesta incompetencia de las autoridades encargadas de la investigación para resolver el caso de Jack el Destripador.

Los vecinos de Whitechapel y de Spitalfields enviaron numerosas cartas a los periódicos describiendo crímenes que habían presenciado en el vecindario, por la noche, y reclamando que nunca había un policía cerca para denunciarlos. A principios de septiembre de 1888, comunicaron que, si la policía no lograba mantener el orden en el East End, ellos mismos organizarían por su cuenta «comités de vigilancia» para patrullar las calles por la noche.

Uno de los grandes dones de la prensa y de los medios de comunicación es sin duda el de anticiparse a los acontecimientos. El 8 de septiembre de 1888, día del asesinato de Annie Chapman, *The Star* había publicado lo siguiente respecto al proyecto vecinal:

«(...) La gente del East End debe convertirse en su propia policía. Deben formarse de inmediato Comités de Vigilancia. (...) debería mapear el vecindario (...). Los desafortunados que son el objeto de la malignidad del hombre-monstruo deberían estar a la sombra de una o dos de las patrullas de aficionados. Se les debe advertir que caminen en parejas. (...) Londres debe despertarse. Ninguna mujer está a salvo (...). ¡Arriba, ciudadanos, hagan su propio trabajo policial!».

Dos días después, el 10 de septiembre, algunos empresarios y comerciantes de Whitechapel se reunieron, preocupados por los asesinatos. Temían que todo este asunto afectara negativamente el desarrollo económico y el crecimiento de la industria en el distrito. Además, estaban descontentos por la falta de protección que la comunidad recibía por parte de la Policía. De este modo, se autodenominaron «Comité de Vigilancia de Whitechapel».

El comité, entonces, armó su propio sistema de patrullas locales para colaborar con los agentes. Estaban integradas por hombres desempleados, cuidadosamente seleccionados, y su tarea era recorrer las calles del East End desde la medianoche hasta las cuatro o cinco de la mañana, armados con un silbato policial, palos y botas. A cambio de su función, cada hombre recibía un pequeño salario del Comité.

Y no terminó allí la participación ciudadana en el asunto de los crímenes de Jack el Destripador. Los empresarios y comerciantes, insatisfechos con los resultados nulos de la investigación, decidieron contratar detectives privados para interrogar a los testigos. Además, crearon su propio fondo de recompensas. Sin embargo, todos sus esfuerzos fueron insuficientes. Ni la Policía, ni Scotland Yard, ni los detectives privados, ni las patrullas populares tuvieron la suerte de atrapar a Jack el Destripador.

Las cartas del asesino

Durante el transcurso de la investigación y después de los asesinatos, la Policía, la prensa y algunas organizaciones recibieron gran cantidad de cartas. Algunas con consejos bien intencionados para atrapar al asesino, pero la mayoría eran carentes de toda utilidad; y algunas, muy pocas, pertenecientes, supuestamente, al asesino.

Por supuesto que existía la posibilidad de que escribieran bromistas, lunáticos o periodistas interesados en incrementar aún más el frenesí del público por leer un nuevo asesinato o una nueva pista sobre el culpable en los diarios. Además, la mayoría de las cartas eran confesionales, anónimas, falaces, por lo que fueron desestimadas por la Policía.

Pero tres de ellas destacaron entre las 350 atribuidas al asesino: la conocida como «Dear Boss» ("Querido Jefe"), la postal «Saucy Jacky» ("Jacky el Descarado") y, especialmente, la misiva «From Hell» ("Desde el infierno").

«Dear Boss» llegó el 27 de septiembre de 1888 a la Agencia Central de Noticias y fue enviada a Scotland Yard dos días después, que la consideró otro fraude. En la misiva, el supuesto Jack el Destripador prometía «cortar las orejas» de su próxima víctima, razón por la cual captó la atención de los investigadores al coincidir con con la mutilación a Mary Jane Kelly, así como con el modo de asesinar a Catherine Eddowes, al cual también se refiere.

> «Querido Jefe, desde hace días no dejo de oír que la policía me ha atrapado, pero en realidad todavía no me ha pillado. En mi próximo trabajo le cortaré la oreja a la ladys (sic) y se la enviaré a la policía para divertirme. No soporto a cierto tipo de mujeres y no dejaré de destriparlas hasta que haya terminado con ellas. El último es un magnífico trabajo, a la dama en cuestión no le dio tiempo de gritar. Mi cuchillo está tan bien afilado que quiero ponerme manos a la obra ahora mismo. Me gusta mi trabajo y estoy ansioso de empezar de nuevo, pronto tendrá noticias mías y de mi gracioso jueguecito [...].
>
> Atentamente, Jack el Destripador.»

El autor firmó «Jack el Destripador», esa fue la primera vez que el apodo ganó notoriedad, fue en el momento en que la carta se publicó en los diarios y desde entonces pasó definitivamente a la historia. La postal conocida como «Saucy Jacky» fue recibida el 1 de octubre en la Agencia Central de Noticias. La caligrafía era similar a la de «Dear Boss» y el autor se refería a los asesinatos del 30 de septiembre, denominándolos el «doble evento».

> «No bromeaba querido y viejo Jefe cuando le anticipé que tendría noticias sobre el trabajo de «Saucy Jack», un doble evento esta vez; la primera chilló un poco y no pude rematarla de inmediato. No me dio tiempo a quitarle la oreja para la policía, gracias por retener mi última carta hasta que volví al trabajo.
>
> Jack el Destripador.»

Scotland Yard publicó facsímiles (copias perfectas) de «Dear Boss» y «Saucy Jacky» el 3 de octubre, con la vana esperanza de que alguien reconociera la letra. Charles Warren explicó en una carta a Godfrey Lushington, Subsecretario de Estado del Departamento del Interior, cuál había sido la pretensión al difundir la carta a través de la prensa: «Creo que todo esto es un engaño, pero, por supuesto, estamos obligados a tratar de identificar al autor en cualquier caso».

Y toda misiva suele recibir respuestas, que por supuesto, no son siempre las esperadas. El 7 de octubre, George R. Sims, en el *The Sunday Referee*, insinuó mordazmente que la carta «Dear Boss» había sido escrita por un periodista «para lanzar la circulación de un periódico por las nubes». Y tenía razón, en efecto, tiempo después, la policía identificó al periodista Tom Bullen como el autor de «Dear Boss» y de «Saucy Jacky». En 1931, Fred Best, otro periodista, terminó por confesar que él mismo y un colega del periódico *The Star* habían escrito ambas cartas para aumentar el interés en los asesinatos y «mantener vivo el negocio».

Finalmente, ya en la actualidad, en el año 2009, Kelvin McKenzie —un exeditor de periódicos—, le pidió a la grafóloga

Elaine Quigley que examinara la carta «Dear Boss» y determinara fehacientemente si Fred Best había sido o no el autor. Y así resultó: el análisis técnico demostró que el periodista en cuestión era quien la había escrito. Elaine Quigley también dedujo que la había redactado siguiendo instrucciones de un tercero. Según esta teoría, Kelvin McKenzie especuló con que T. P. O'Connor había sido el cómplice con el que había contado Fred Bes. ¿El objetivo?: aumentar la circulación del periódico *The Star*.

«Desde el infierno»

Como presidente del Comité de Vigilancia, George Lusk aparecía en los periódicos haciendo declaraciones y denuncias, y también, en los carteles distribuidos por el vecindario pidiendo información sobre la identidad del asesino, la exposición pública le había convertido en el blanco de muchos bromistas, además de recibir otras cartas amenazadoras. Pero el nuevo mensaje que recibiría no sería uno cualquiera.

El 16 de octubre de 1888, el detective George Lusk recibió un paquete. Adentro, había una parte de un riñón humano acompañado de una carta escalofriante conocida por el nombre «From Hell» ("Desde el infierno").

Inicialmente, Lusk lo consideró simplemente otra broma de mal gusto, pero, a instancias del pedido de otros miembros del Comité de Vigilancia, terminó por entregar el paquete con la carta a la Policía. El contenido de la misiva era espeluznante y estaba firmada con tinta roja por «Jack el Destripador».

«Desde el infierno. Señor Lusk. Señor, le adjunto la mitad de un riñón que tomé de una mujer y que he conservado para usted, la otra parte la freí y me la comí, estaba muy rica. Puedo enviarle el cuchillo ensangrentado con que se extrajo, si se espera usted un poco. Atrápeme si puede Señor Lusk.

Jack el Destripador».

From hell

Mr Lusk

Sor I send you half the
Kidne I took from one woman
prasarved it for you tother piece
I fried and ate it was very nise
I may send you the bloody knif that
took it out if you only wate a whil
longer

Signed Catch me when
you Can
Mishter Lusk

El 16 de octubre de 1888, el detective George Lusk, presidente del Comité de Vigilancia de Whitechapel, recibió un paquete. Adentro, había un riñón humano acompañado de una carta conocida como «From Hell» ("Desde el infierno"), de la cual se cree que fue escrita realmente por Jack el Destripador.

La misiva era escalofriante. El asesino, además de matar a sus víctimas y mutilarlas, deseaba compartir la experiencia comunicándola por carta. Jack el Destripador no solo fue quizá el primer asesino en serie del mundo, sino también el primero en comunicarse por escrito.

El doctor Thomas Horrocks Openshaw, del Hospital de Londres, determinó que parte del órgano entregado era realmente la mitad del riñón izquierdo de un ser humano. ¿A quién pertenecería? La investigación del Comité de Vigilancia arrojó que el órgano era de una mujer que padecía la enfermedad de Bright y como a una de las víctimas Catherine Eddowes le habían extirpado un riñón, algunos consideraron que podría ser de ella.

El mayor Smith de la Policía Metropolitana dijo a la prensa que, aunque a la víctima le faltaba parte del riñón izquierdo, el derecho estaba sano. Sin embargo, esa declaración era errónea y no concordaba con las notas de Frederick Gordon Brown, médico forense. Al fin, nunca quedó claro si el órgano enviado había provenido o no de una de las víctimas, o si un bromista lo había enviado como parte de una burla macabra de estudiantes, algo común en esa época. Posteriormente, Thomas Openshaw también recibió una misiva firmada por «Jack el Destripador».

La letra y el estilo de la carta denominada «From Hell» son diferentes a las de las misivas «Dear Boss» y «Saucy Jacky» y trasluce un nivel de alfabetización más bajo que las anteriores, ya que contiene errores de ortografía y de gramática, aunque se desconoce si estos pudieron haber sido intencionales. Por otra parte, el estilo de la escritura es estrecho y las letras se aprietan unas con otras. Las manchas de tinta podrían indicar que el autor no estaba acostumbrado a usar una lapicera. En cambio, el formato de la carta podría indicar, a su vez, que el papel pertenecía a una persona bien educada. Algunos expertos opinan que la misiva es atribuible a un autor parcialmente funcional psíquica y socialmente, pero trastornado.

Capítulo 4

EL PERFIL DEL ASESINO

L a policía se sentía completamente perdida. El 25 de octubre de 1888, Robert Anderson tomó una decisión inusual para la época: le pidió ayuda al doctor Thomas Bond, especialista en sífilis y experto en medicina forense. Hizo algo que actualmente es parte de cualquier investigación criminal, particularmente, si estamos ante un asesino en serie. Anderson quería que presentara un «perfil psicológico del asesino».

A tal fin, el oficial le remitió copias de las pruebas reunidas en las indagaciones sobre los asesinatos de cuatro de las cinco víctimas: Mary Ann Nichols, Annie Chapman, Elizabeth Stride y Catherine Eddowes, que fueron examinadas por el forense durante dos semanas. A ello se sumó el hecho de que Mary Jane Kelly fue masacrada el 9 de noviembre, y de que fue el mismo Thomas Bond el cirujano encargado de realizar su autopsia, así que sus opiniones resultarían muy valiosas.

Al día siguiente, el doctor Thomas Bond entregó su respuesta a Scotland Yard, convirtiéndose en el primer «perfilador» —cuando aún no se conocía ese término—, de Jack el Destripador, y en la primera persona en realizar su perfil psicológico.

En su informe, Bond expuso el primer boceto científico que conjeturaba las claves más íntimas que se ocultaban tras el anónimo asesino en serie que aterrorizaba a Whitechapel.

A partir de los datos obtenidos en la escena de los crímenes y del análisis de los cadáveres, el doctor Bond se animó —algo insólito y totalmente original para la época— a exponer su parecer sobre cómo podría ser la personalidad del asesino. Según Bond: «El asesino, en su apariencia externa, es muy probable que sea de aspecto inofensivo. Un hombre de mediana edad, bien arreglado y de aire respetable. Puede tener el hábito de llevar capa o abrigo porque si no, la sangre de sus manos y ropas hubiera llamado la atención a los viandantes».

Thomas Bond suponía, además, que el asesino debía ser un hombre solitario, excéntrico, alguien que tenía costumbres prolijas y un temperamento sosegado, una persona de quien sus vecinos jamás sospecharían nada malo. Este individuo dispondría, asimismo, de ingresos económicos y de un trabajo estable, razón por la cual se veía impedido de cometer asesinatos en días hábiles, lo que justificaba el extraño hecho de que todas las muertes hubieran ocurrido durante fines de semana.

En la reseña psicológica, el doctor Bond evaluó, además, que el asesino debía ser un varón con gran fuerza física; alguien de carácter audaz, temerario y con una personalidad perversa. Conjeturó que el individuo debía estar sometido a periódicos accesos de manía homicida y de un impulso sexual irrefrenable.

Las mutilaciones sugerían, asimismo, que podía padecer «satiriasis» —o recurrir a la violencia para satisfacer su apetito sexual desmesurado—. Además, sobre las posibles causas o móvil de los asesinatos, Thomas Bond consideró que «el impulso homicida podía haberse desarrollado a partir de un sentimiento de venganza o de una condición mental melancólica, o la manía religiosa pudo haber sido la enfermedad original, pero no creo que alguna de estas [hipótesis] sea la correcta».

Pese a ello, el doctor Bond también afirmaba que el asesino gozaba de suficiente autocontrol como para engañar a su entorno y pasar por un ciudadano socialmente aceptable. Es decir, era un individuo que podía convivir con personas respetables que desconfiaran de él por su carácter y sus hábitos extraños o, incluso, que sospecharan que padecía un posible desequilibrio mental. Sin embargo, no estarían dispuestos a comunicar sus recelos a la policía por temor a tener problemas y una notoriedad indeseada. El perfilador sugería que una recompensa monetaria podría hacerles superar sus escrúpulos.

En cuanto al *modus operandi* opinó que el móvil de todos los homicidios había sido mutilar a la víctima. Sobre el asesinato de la última víctima, Mary Jane Kelly, hizo una observación interesante: la esquina derecha del colchón donde yacía la mujer asesinada estaba muy rasgada y saturada de sangre; lo que sugería que el asesino le habría cubierto la cara con la sábana al matarla.

El informe del doctor Bond constituye un documento excepcional para la época y es considerado como el antecedente y el modelo de los modernos estudios que el FBI, Scotland Yard, Interpol, y otras instituciones policiales y académicas utilizan para perfilar criminales.

Retrato de un asesino

Los victorianos intuían que los crímenes eran los de un perturbado con un ansia sexual irrefrenable, que odiaba y, al mismo tiempo, deseaba a las mujeres; y como no podía obtenerlas, las mataba brutalmente. Si bien no se halló evidencia de actividad sexual del asesino con sus víctimas, algunos psicólogos suponen que penetrar sus cuerpos con un cuchillo y exhibir los cadáveres en posiciones sexualmente degradantes con las heridas expuestas señalan que el victimario obtenía placer sexual con los ataques. Sin embargo, otros descartan estas hipótesis, ya que consideran que son suposiciones imposibles de verificar.

Laura Richard, una especialista en criminología instruida por la Scotland Yard y colaboradora de dicha institución, así como del FBI, afirmó que en Jack el Destripador había un componente de sadismo. El asesino mutilaba a víctimas vulnerables, con vidas tristes y difíciles, y el motivo principal de sus crímenes era sexual, a pesar de que no hubiera mantenido relaciones íntimas con las víctimas. La comparación entre los móviles del accionar de Jack el Destripador con la motivación y los actos de los asesinos en serie contemporáneos permite sugerir que el famoso asesino de Whitechapel pudo haber sido un loco esquizofrénico como Peter Sutcliffe, el «Destripador de Yorkshire», que decía oír voces dándole instrucciones para atacar a prostitutas.

La escritora de novelas de misterio americana Patricia Cornwell, en su libro *Retrato de un Asesino: Jack el Destripador.*

Caso cerrado (2002), aseguró que el pintor impresionista inglés Walter Richard Sickert había sido Jack el Destripador. Esa teoría había sido postulada en 1976, por Stephen Knight, en *Jack the Ripper: La solución final* y defendida en 1990, por Jean Overton Fuller en *Sickert y los crímenes del Destripador*.

Estas obras, especialmente la de Cornwell, generaron controversias y críticas, dentro del mundo del arte británico —que admira la obra de Sickert—, y de los «ripperólogos» —o especialistas en todo lo vinculado con la figura de Jack el Destripador (en inglés, *Jack the Ripper*, de ahí el término)—, quienes cuestionaron sus métodos y conclusiones. La escritora los enfrentó alegando que, si ella no fuera mujer o si fuera británica, su teoría habría sido aceptada. También, opinó que aquellos que estudian el caso prefieren mantener el misterio más que hallar su solución.

Las pruebas contra Sickert, que se inspiraba en lo sórdido de los suburbios del East End y tiene una obra titulada «La habitación de Jack el Destripador», eran y son circunstanciales. Es cierto que el asesino se esfumaba rápidamente y sin dejar rastro luego de cometer los crímenes, y que Sickert tenía tres estudios secretos en el East End, además de una gran fascinación por el disfraz y los bajos fondos londinenses, hechos que provocaron habladurías en su época..., pero esos únicos datos y hechos no eran suficientes para inculparle.

Apoyando su teoría, Patricia Cornwell señala que algunas de las pinturas y bocetos de Sickert tienen una espeluznante similitud con las imágenes *post mortem* de las víctimas canónicas. La autora se enfoca, especialmente, en la serie que Sickert pintó en 1908, según él, inspirado en el asesinato de una prostituta en Candem Town, un suburbio londinense. «Sickert nunca pintaba nada que no hubiera visto —argumenta Cornwell—. Y no habría tenido manera de saber el aspecto de aquellas mujeres si él mismo no hubiera estado allí».

Además, la novelista estadounidense sostiene que Sickert tenía el perfil psicológico de un asesino: «tuvo una infancia difícil y su padre era un hombre abusivo. Y, debido a un problema físico era estéril y tenía una disfunción sexual severa, hechos que podrían encajar con el comportamiento del Destripador, que siempre asesinaba a prostitutas. Las duras mutilaciones que les infligía muestran esa disfunción sexual típica en los mutiladores».

Para los perfiladores, es evidente que Jack el Destripador disfrutaba con lo que hacía, se recreaba en ello, y al mismo tiempo sentía la adrenalina de estar en situaciones de alto riesgo cuando podía ser descubierto. Recordemos, en este sentido, que dejó el cuerpo de Annie Chapman en el patio de una propiedad en la que vivían 17 personas que entraban y salían constantemente. Consideran, además, que extirpar los órganos indica premeditación, sin dudas el asesino debía tener planeado al detalle qué quería hacer y cómo lo haría.

En esa línea, señalan que deseaba provocar desconcierto y terror —no es causalidad sino intencionalidad el que dejara los cuerpos a la vista de todos—, y de seguro, seguiría la reacción del público y el impacto de sus actos, así como probablemente escribía a la prensa y a la Policía para provocarles y añadir placer mediante la comunicación de sus espantosos ataques. Todos estos datos hacen pensar que el asesino también era una persona racional y calculadora... ¿Qué dice esto de su carácter? ¿Que a pesar de ser consciente del peligro no podía controlar sus impulsos, o que era un individuo que sopesaba los riesgos y que disfrutaba de ellos?

Las teorías sobre quién fue, cómo era y qué le motivaba a asesinar y jugar sádicamente con los cuerpos sigue siendo materia de enigma. Hasta el día de hoy su identidad no ha sido probada de manera concluyente, por lo que continúa siendo denominado por su macabro seudónimo: «Jack el Destripador».

Capítulo 5

EL PAPEL DE LOS MEDIOS

Los periodistas estaban de parabienes; tenían mucho material para generar sensacionalismo y especulación: las víctimas eran marginales, no había testigos ni pistas para encauzar la investigación, la policía no tenía sospechosos y los reportes forenses eran escalofriantes. Había un gran potencial para explotar estas muertes y que los pasquines se vendieran como pan caliente.

Sin embargo, la Policía decidió mantener a los periodistas a distancia para evitar que sus líneas de investigación fueran de conocimiento público y alertaran a los sospechosos sobre lo que estaban investigando, algo común ante cualquier tipo de crímenes, muy particularmente, si es complejo y múltiple como en este caso. Howard Vincent del CID (Criminal Investigation Department) indicó al respecto:

> «La policía no debe, en ningún caso, proporcionar información a los caballeros relacionados con la prensa, (...). La más mínima desviación de esta regla puede frustrar por completo los fines de la justicia y vencer el esfuerzo de los oficiales superiores para promover el bienestar del servicio público. (...) Los oficiales, que sin autoridad dan publicidad a los descubrimientos, que tienden a producir sensación y alarma, se muestran totalmente indignos de sus cargos».

Desafortunadamente para las autoridades, nada de esto sucedió. La gente estaba ansiosa por analizar los crímenes en detalle. Durante el llamado «Otoño del Terror» de 1888, las ventas de los periódicos londinenses alcanzaron cifras inusuales: se llegaron a vender hasta 300.000 ejemplares por día y, si no había información policial, los periodistas recurrirían a distintos medios para obtenerla, entre ellos fabricar cartas apócrifas de Jack el Destripador o realizar investigaciones por su cuenta.

Así fue como la prensa habló con numerosos testigos para conseguir alguna pista e intentaron sobornar a policías o aflojar sus lenguas con alcohol. Algunos, incluso, se vistieron como mujeres y recorrieron las calles de Whitechapel con la esperanza de que Jack el Destripador les abordara y obtener así una primicia sensacionalista para su periódico. Y, cuando todo esto fallaba, existía la posibilidad de inventar historias.

Asimismo, no faltaron los periodistas inescrupulosos que no dudaron en falsificar pruebas, en escribir cartas, como hemos dicho, o en crear testimonios para elaborar historias escabrosas y emocionantes.

William Le Queux de *The Globe*, en su libro *Cosas que sé sobre reyes, celebridades y ladrones* (1923), dijo lo siguiente sobre los crímenes de Jack el Destripador y de sus amigos periodistas Lincoln Springfield y Charles Hands y, sin proponérselo, mostró además una imagen poco profesional de ellos al cubrir la noticia:

«Prácticamente vivíamos como un trío en Whitechapel y, a medida que se cometía cada asesinato, escribíamos detalles pintorescos y espeluznantes mientras estábamos en el mismo lugar donde ocurrió la tragedia. Una tarde, Springfield de *The Star* publicaba una teoría sobre cómo se habían cometido los asesinatos, junto con un facsímil de las cartas en tinta roja recibidas por Scotland Yard el día anterior; la noche siguiente, Charlie Hands tendría una teoría mucho mejor para el *Pall Mall* y luego yo avanzaría con otra teoría en *The Globe*».

La prensa en el nuevo orden victoriano

Las trasformaciones sociales crearon una nueva realidad en Inglaterra. Antes de 1870, con una mayoría analfabeta, muy pocos podían leer un diario y su precio era prohibitivo para el pueblo. Pero la Ley de Educación decretó que la instrucción primaria fuera

universal y obligatoria y para 1887, solo el 2,7% del electorado
—entonces conformado solo por hombres—, era analfabeto.

Y los cambios no solo se producían en el ámbito educativo.
Los periódicos estaban gravados con impuestos; pero en 1853,
se anuló el primero de los «impuestos al conocimiento» y otros
dos se suprimieron en 1861 y 1885. Con estas reformas fiscales,
fue posible publicar periódicos de circulación masiva a bajo precio —solo un penique—. Además, la nueva tecnología permitía
que su producción fuera menos costosa y que se pudiera impri-
mir más rápido. Entonces, surgieron muchos diarios: en el Reino
Unido, había 14 en 1846 y para 1880, 158; lo que originó una gue-
rra entre unos y otros por acaparar el interés de los lectores.

Las notas sensacionalistas sobre asesinatos no eran algo
nuevo, pero a fines del siglo xix, se registró un notable aumento de
lectores cautivados por hechos sanguinarios y víctimas trági-
cas. Entonces, la prensa se dedicó a entretener al lector más que
a informar sobre sucesos.

Los periodistas y fotógrafos accedían a las morgues para
mostrar los cuerpos brutalmente desfigurados; a las escenas
del crimen, para captar los relatos escalofriantes de testigos
o conocidos de la víctima, de los policías o de los forenses. El
público estaba ávido de estas imágenes, que se convirtieron en
un lugar común en las primeras planas y en la sección de policiales. Muchos consideran que este fue el inicio de la prensa sensacionalista, que sigue dominando en el mundo actual.

Los lectores seguían los vaivenes de cada historia como una
telenovela negra, esperaban que el asesino fuera capturado,
sentenciado y ejecutado, y cada uno tenía su truculenta historia
favorita que contar.

La competencia era ardua y los vendedores de diarios prego-
naban los detalles escabrosos de cada asesinato en las esquinas
de la ciudad. Los gritos de se podían escuchar por todas las calles
de Londres: «¡Las últimas noticias sobre el Destripador!».

Imagen publicada por el periódico francés *Le Journal Ilustré*, con el título «Hallazgo de una víctima de Jack el Destripador», buen ejemplo de la fama internacional del asesino más conocido de la historia.

Un fantasma en el aire asqueroso

La caricatura titulada «Un fantasma en el aire asqueroso del barrio pobre: The Nemesis of Neglect», publicada en la conservadora revista *Punch*, el 29 de septiembre de 1888, reflejaba e incentivaba la «pesadilla mediática» que se vivía.

En el Otoño del Terror, la prensa victoriana desempeñó un papel importantísimo en la creación de un nuevo mito moderno: el de «Jack el Destripador», al mismo tiempo que amplificó el horror y la angustia entre los habitantes de Londres.

Armados con el apodo de «Jack el Destripador», los periodistas rápidamente formaron en la imaginación de sus lectores una figura aterradora y la etiquetaron con adjetivos inquietantes, tales como «monstruo» y «demonio», agregando un elemento casi sobrenatural a la idea de un individuo que asesinaba personas. Los pocos informes de testigos le describían con «tez oscura, barba o bigote negro, con un abrigo oscuro y aspecto extranjero». Esa era la visión general tomada a partir de algún testimonio o surgida de la xenofobia de la época, ya que ese era el retrato típico de cualquier judío del East End. Estas descripciones, más imaginativas que reales, intensificaron a su vez las tensiones raciales y sociales que ya existían.

El semanario *The Illustrated Police News* le pidió a un artista que realizara el boceto del posible sospechoso y el dibujante plasmó su impresión de lo que suponía era un asesino malvado y cruel. Naturalmente, no reflejaban el rostro del sospechoso basado en las descripciones aportadas por los testigos. El 20 de octubre de 1888, el periódico publicó dos bocetos. Era imposible que estos «retratos» ayudaran a identificar al asesino porque sencillamente habían sido «inventados por un artista»; sin embargo, la policía igualmente se vio inundada con información sobre cualquiera que tuviera el más mínimo parecido con esos bocetos.

«Jack el Destripador» marcó una importante línea divisoria con respecto al tratamiento de los crímenes por parte del periodismo y, aunque no fue el primer asesino en serie, fue el primero en generar un verdadero frenesí entre los periodistas, la prensa y el público.

El «Londres marginal»

Una de las razones en el aumento de las ventas de diarios fue la utilización de las muertes para avivar el temor que el público burgués del West End y de los hermosos barrios del centro de Londres sentía de los suburbios pobres y sucios del East End; ese «Londres marginal», del cual Whitechapel simbolizaba el inframundo criminal y constituía su arquetipo.

En 1840, el periodista Henry Mayhew, en *London Labor and the London Poor*, había presentado una visión amenazante, llamándola «una localidad sospechosa y poco saludable». Consideraba que sus habitantes eran una «extraña amalgama de judíos, franceses, alemanes y otros elementos antagónicos», personas bestiales (eran extranjeros y pobres) que debían mantenerse bajo control para que no entraran en la anarquía. Un telón de fondo perfecto para cualquier noticia sensacionalista.

La mirada sobre las mujeres asesinadas también influyó. Prácticamente, todos los periódicos consideraron que, si bien fueron víctimas de crímenes horribles, ellas habían recurrido a la prostitución y elegido una vida de libertinaje y alcoholismo que las hacía vulnerables, y mostraron las condiciones de vida miserables que habrían tenido que soportar antes de sus asesinatos, creando una indignación moral generalizada. El mundo burgués y victoriano del West End no entendía o no le interesaba ni siquiera saber que una mujer pudiera vender su cuerpo por los 3 o 4 peniques que valía una cama en la que descansar una sola noche.

Y la prensa también era responsable. Fue ella quien expuso ese «Londres marginal», quien cuestionó la moralidad de las víctimas, la que enfatizó detalles crueles y sangrientos, la que hizo posible la creación de la leyenda sobre Jack el Destripador. La prensa sí había entendido; por eso sacaba provecho de los conflictos del momento.

Capítulo 6

JACK EL DESTRIPADOR
NUNCA PUDO SER INGLÉS

¿Jack el Destripador era inglés? Esa idea era impensable para esa mentalidad victoriana afianzada en su superioridad intelectual y moral, propia del nacionalismo inglés, cuyo desarrollo coincidió con la expansión del imperio durante el extenso reinado de Victoria a lo largo de más de medio siglo.

En la construcción de la identidad inglesa, la creencia en su propia superioridad intelectual, moral y racial jugó un papel fundamental como contraste entre la Inglaterra metropolitana y la de las colonias.

Ser «inglés» se convirtió en un fenómeno cultural, pero la realidad era que había muy pocos ingleses de «pura sangre». Entonces, ser «inglés» pasó a reflejar un carácter que se resumía, según el dramaturgo Alfred Tennyson, en ser «distinguido principalmente, no por lugar, no por idioma, no por raza, sino por carácter, junto con los principios políticos en los que el carácter parece manifestarse».

Ante la posibilidad razonable de que el asesino pudiera ser «inglés» —aunque se negara tal hipótesis—, algunos consideraron que, naturalmente, si era inglés, estaría loco, y había argumentos para corroborarlo. Lo probaba fehacientemente la carta que recibió George Lusk, donde el autor acompañaba, junto a una terrible misiva, parte del riñón derecho de una víctima cuya otra mitad —el mismo lo decía— había freído y comido.

Para los victorianos, el canibalismo era prueba indiscutida de salvajismo, por lo tanto, la posibilidad de que el remitente fuera inglés quedaba absolutamente descartada. Pero, que cualquier inglés, alienado o no, fuera capaz de esa barbarie, aterrorizaba a los súbditos de la reina, y puso al descubierto sentimientos racistas preexistentes. Entonces, amparados en que «ningún inglés podría haber perpetrado los crímenes», la xenofobia, el prejuicio y el odio terminaron por salir a la luz.

La clase trabajadora recelaba de los extranjeros, que eran competencia en los puestos de trabajo de fábricas y astilleros;

GHASTLY MURDER

MURDER

IN THE EAST-END.

DADFUL MUTILATION OF A WOMAN.

pture : Leather Apron

er murder of a character even more diabolical than that perpetrated in Back's Row, day week, was discovered in the same neighbourhood, on Saturday morning. At six o'clock a woman was found lying in a back yard at the foot of a passage leading dging-house in a Old Brown's Lane, Spitalfields. The house is occupied by a Mrs. rdson, who lets it out to lodgers, and the door which admits to this passage, at the f which lies the yard where the body was found, is always open for the convenience gers. A lodger named Davis was going down to work at the time mentioned and the woman lying on her back close to the flight of steps leading into the yard. Her was cut in a fearful manner. The woman's body had been completely ripped open e heart and other organs laying about the place, and portions of the entrails round ctim's neck. An excited crowd gathered in front of Mrs. Richardson's house and also the mortuary in old Montague Street, whither the body was quickly conveyed. As dy lies in the rough coffin in which it has been placed in the mortuary the same in which the unfortunate Mrs. Nicholls ody is that of a woman about 45 years lexion is fair, with wavy brown hair; t knocked out. The nose is rather large a

Publicación de septiembre de 1988, inmediatamente después del crimen de Annie Chapman. Se refiere al asesino de Whitechapel como «Mandil de Cuero», otro de los nombres con que se conocía a Jack el Destripador.

POLICE · BUDGET · EDITION   EDITED BY HAROLD FURNISS

FAMOUS CRIMES

PAST AND PRESENT   ONE · PENNY

Ilustración de la escena del crimen de Polly Nichols.
En *Famous Crimes*, publicación periódica de la época
editada por Harold Furniss.

así que no es extraño que hablara de «la contaminación judía» y de la pérdida de las virtudes inglesas para desahogar sus frustraciones y convertir a estos inmigrantes en un conveniente chivo expiatorio.

Así fue como los antisemitas comenzaron a hablar irónicamente de un asesino llamado «Jacob el Destripador». Difamaban a los judíos porque creían que practicaban el asesinato ritual. Ante el peligro de disturbios, después de la muerte de Annie Chapman, la policía envió a cientos de oficiales al vecindario para evitar que la violencia racial estallara en las calles.

Denuncias, polémicas y reforma social

La era Industrial acarreó problemas ambientales, ideológicos y de salud pública que condujeron a carencias, enfermedad y muerte. La prensa sensacionalista mostró la desigualdad y la pobreza. Los brutales crímenes llevaron a las clases medias y altas a tomar contacto con las condiciones de los barrios bajos y salieron de su apatía e indiferencia ante las condiciones miserables que se describían en periódicos y revistas. Por ejemplo, en *The Times*, donde el 16 de noviembre de 1888 se decía que el sufrimiento que las mujeres tenían que soportar en los barrios pobres era en sí misma una tragedia sin necesidad de tener en cuenta los asesinatos.

La prensa liberal y la radical favorecieron la reforma social: consideraban que los asesinatos eran una consecuencia inevitable del estado de carencia de los barrios bajos, así que pidieron mejoras en la vivienda, la instalación de farolas y un refugio para las mujeres sin hogar. *The Times* comentó el 6 de octubre de 1888 que las condiciones inhumanas favorecían la criminalidad y que podían eliminarse si el gobierno invertía en las mejoras sugeridas.

La prensa conservadora, por su parte, apeló a la filantropía y temía un conflicto de clases, si la clase baja se unía al movimiento socialista. Asimismo, las críticas socialistas se pueden resumir

THE ILLUSTRATED POLICE NEWS

LAW COURTS AND WEEKLY RECORD

THE WHITECHAPEL MYSTERY.

& SONS PORK BUTCHERS.

ARREST IN WHITECHAPEL OF A MAN IN WOMANS CLOTHING.

THE MITRE SQUARE VICTIM. BEFORE & AFTER DEATH.

KITCHEN OF A DOSS HOUSE IN WHITECHAPEL.

SKETCHES OF THE FIENDISH WORK OF THE MONSTER OF WHITECHAPEL. HIS SIX CRIMES

THE DERNER ST VICTIM. ST GEORGES IN THE EAST MORTUARY.

THE MITRESQUARE VICTIM AT THE GOLDEN LANE MORTUARY.

THE WHITEHALL MYSTERY.

Otra de las publicaciones del semanario *The Ilustrated Police News* de octubre de 1888. La escena ilustrada muestra el desconcierto y el horror de los crímenes de "el Monstruo de Whitechapel", más tarde llamado Jack el Destripador.

MILLBANK STREET MORTUARY.

DISCOVERING THE MUTILATED TRUNK.

EXTERIOR OF WORKS, CANNO*

en lo planteado en «Blood Money to Whitechapel» de George Bernard Shaw, escritor, dramaturgo y polemista, publicado en *The Star* el 24 de septiembre de 1888. Con sarcasmo, el famoso escritor afirmaba que el asesino era un «genio reformador» por llamar la atención del West End sobre una realidad y que la beneficencia que salía de sus bolsillos se debía a la culpa colectiva.

Las clases altas conservadoras y las medias se sentían amenazadas por la creciente influencia de la clase trabajadora y la posibilidad de una revolución. Por eso, querían utilizar la reforma como una herramienta del control social. Los socialistas, en cambio, luchaban por aliviar las pésimas condiciones de los trabajadores. A pesar de los diferentes objetivos de conservadores y socialistas, había una creencia compartida en la necesidad de hacer cambios en el East End. Y los asesinatos, retratados como una consecuencia inevitable de las condiciones miserables en que vivían sus habitantes, allanaron el camino para la reforma social.

The Times y *Daily Telegraph* publicaron cartas en las que atribuían los asesinatos a la pobreza de Whitechapel; *The Lancet*, el 27 de octubre de 1888, respaldó el llamado para mejorar el alumbrado público y el saneamiento. Varias revistas médicas se unieron también a este mensaje pidiendo mejoras en los barrios marginales, y el *British Medical Journal* argumentó el 22 de septiembre de 1888 que el entorno era tan significativo como los factores hereditarios en la producción de delincuentes.

A fin de estimular la filantropía, se mostró una realidad terrible, pero sin proponérselo, en las clases medias y altas creció a su vez la percepción de que las clases bajas eran inmorales e incivilizadas, lo que generaba aún más miedo y desconfianza. Afortunadamente, el énfasis en las causas socioeconómicas y ambientales de la pobreza disipó la creencia de que la pobreza era consecuencia de un déficit moral o de carácter. Y los resultados de la investigación de Charles Booth, filántropo e investigador social, publicada en 1889 lo confirmaron. Según él, la «clase criminal» era mínima y atribuía la pobreza a causas ambientales sobre las que la clase trabajadora no tenía ningún control.

La Ley de Salud Pública de 1890 garantizó que las ciudades asumieran la responsabilidad del suministro básico de agua pura y de las condiciones sanitarias adecuadas. La Ley de Vivienda de ese mismo año enfatizó la importancia de la limpieza en los barrios marginales, y le dio al Consejo del Condado de Londres el poder legal para comprar obligatoriamente tierras fuera del área y construir viviendas y urbanizaciones. En las siguientes décadas, lo peor de los barrios marginales fue demolido y el desarrollo de la planificación urbana mejoró notablemente.

Los reformadores denunciaron no solo la miseria en la que vivía la clase obrera, sino también, las pésimas condiciones de trabajo que padecían en esa época, cuando las jornadas en las fábricas eran de entre 12 y 15 horas, sin días de descanso, sumado al hecho de que los salarios eran insignificantes y apenas servían para subsistir. Y eso no era todo, los trabajadores debían tolerar además castigos corporales, sanciones económicas, despidos sin indemnización y nadie se hacía cargo de los accidentes de trabajo.

Con respecto a las mujeres, solo eran mano de obra barata; se les pagaba la mitad que a los hombres, y el trabajo infantil era usual. En 1850 el 28% de los trabajadores tenían entre 10 y 15 años, y estaban muy mal remunerados; el salario de un niño de 8 a 12 años era la cuarta parte del de un hombre, y sus jornadas de eran de hasta 18 horas, por lo que no podían ir a la escuela. En este clima se produce la expansión del marxismo y de las teorías de la lucha obrera.

A fines del siglo, la situación había evolucionado, la jornada se había reducido a nueve horas y las condiciones laborales habían mejorado, se empezó a proteger la infancia y se construyeron barrios obreros dignos. En esos años, parecía comprenderse que el origen del vicio y la inmoralidad no residía en las condiciones de vida del East End, sino en la falta de oportunidades de sus habitantes.

Capítulo 7

UN MITO MODERNO

La leyenda de «Jack, el Destripador» proviene de la misteriosa Londres victoriana y gótica, retratada en las novelas de Dickens o de Sherlock Holmes, y se alimentó tanto con hechos históricos como ficticios. La ciudad y los casos proporcionaron al imaginario colectivo el primer modelo de un asesino en serie, oscuro y oculto por una capa, teñido asimismo del romanticismo de la época a pesar de su crueldad; aspectos que la literatura primero y otras expresiones del arte después explotaron al máximo.

Jack el Destripador se convirtió en un personaje de la literatura gótica victoriana casi inmediatamente, y una fascinante leyenda fue tejida gracias a un individuo trastornado que buscaba mujeres desesperadas y vulnerables con las que satisfacer sus fantasías macabras. Su imagen se fusionó con historias y símbolos del género del horror y ese mundo sirvió de musa inspiradora a otros géneros, desde policiales hasta de terror erótico japonés. Hoy la figura de Jack el Destripador está presente en toda la cultura: cientos de novelas, obras de teatro, películas, musicales, dramas televisados, mangas y videojuegos sobrepasan las fronteras de realidad y fantasía.

La literatura dio el "puntapié inicial"

El mismo año de sus crímenes, Jack inspiró la novela gótica *The Curse Upon Mitre Square* de John Francis Brewer, publicada en octubre de 1888, en la cual el asesinato de Catherine Eddowes es clave de la trama. *In Darkest London* (1889) de Margaret Harkness (usó el seudónimo John Law), presenta al Destripador como un carnicero no judío escondido entre la comunidad judía del East End. La novela de Marie Adelaide Belloc Lowndes *The Lodger* (1913) fue adaptada para el teatro y en ella se basaron cinco películas: *The Lodger: A Story of the London Fog* (1927) de Alfred Hitchcock; *The Lodger* (1932) de Maurice Elvey; *The Lodger* (1944) de John Brahm; *Man in the Attic* (1953) de Hugo Fregonese y *The Lodger* (2009), de David Ondaatje.

El libro *El misterio de Jack el Destripador* (1929) de Leonard Matters inspiró la obra de teatro *Murder Most Foul* (1948), de Claude Pirkis.

El cuento de Robert Bloch «Yours Truly, Jack the Ripper» (1943) presenta al asesino como un ser inmortal que hace sacrificios humanos para tener vida eterna. Fue adaptado para el programa radiofónico *Stay Tuned for Terror* (1945) y para un episodio de la serie televisiva *Thriller* (1961). La lista de novelas influenciadas por la figura de Jack el Destripador escritas desde el siglo xix que dieron lugar a otras expresiones artísticas es muy extensa.

Jack, fuente de inspiración inagotable

La figura de Jack el Destripador ejerció gran influencia en distintos géneros literarios, como hemos visto, y también dio origen a los más disímiles personajes para encarnar al asesino.

Así, el Destripador aparece al final de *Die Büchse der Pandora* (1904), del dramaturgo Frank Wedekind, donde asesina a Lulú, la protagonista, que personifica la lujuria pecaminosa y recibe su merecido castigo cuando inconscientemente coquetea con él. La obra se adaptó para la película *Pandora's Box* (1929), y para la ópera *Lulú* (1937), además de haberse llevado al cine en 1923, 1962 y 1980.

En cambio, en *The Vail*, «*Jack the Ripper*» (1958), una película para televisión presentada por Boris Karloff, un clarividente identifica al Destripador como un cirujano respetable cuya muerte ha sido falsificada para cubrir su encarcelamiento en un manicomio. La historia se basa en un informe periodístico de 1895. Al parecer, Robert James Lees, un médium británico, habría usado poderes psíquicos para rastrear a Jack el Destripador y, de ese modo, inculpar a un médico de Londres. Así también es presentado en *El Destripador de Notre Dame* (1976), protagonizado por Klaus Kinski, donde un médico, cuya madre era una prostituta, es el asesino.

En la década de 1960, Jack el Destripador irrumpe en la televisión estadounidense como la fuerza del mal universal que da vida a cualquier villano. En el episodio *The New Exhibit* (1963), de *The Twilight Zone*, el curador de un museo de cera se obsesiona con cinco figuras de asesinos —una de ellas, la del Destripador—, y mata para protegerlas. En el episodio de *Star Trek*, *Wolf in the Fold* (1967), se recurre a fragmentos del cuento de Robert Bloch, «Yours Truly, Jack the Ripper» (1943), donde un ser incorpóreo de larga vida asesinaba personas en distintos mundos durante siglos para generar terror; emoción de la que se alimentaba.

Por otro lado, la obra teatral de Peter Barnes *The Ruling Class* (1968) y su adaptación cinematográfica (1972) representan una sátira sobre la aristocracia británica. Jack Gurney, el 14° conde de Gurney, enfermo mental —interpretado en el cine por Peter O'Toole—, cree ser Jack el Destripador. Y en esa misma línea, pero desde el género policial detectivesco, en el *Asesinato por decreto*, Christopher Plummer (1979) es Sherlock Holmes, que sigue la trama de una conspiración entre la masonería y la realeza popularizada por Stephen Knight. La miniserie televisiva *Jack the Ripper* (1988) tiene la misma fuente, y en ella Michael Caine encarna al inspector Abberline.

En 2001, los hermanos Hughes convirtieron el cómic de Alan Moore *From Hell*, que se apega a la historia de Knight, en una película protagonizada por Johnny Depp como el inspector Abberline. Anthony Hickoc, en *Jill the Ripper* (2000), protagonizada por Dolph Lundgren, invierte los géneros tradicionales de víctimas y villanos, con un destripador femenino y víctimas masculinas.

Con una intriga diferente, en el cómic italiano Martin Mystère, de Alfredo Castelli (1982), el vampiro Richard Van Helsing descubre que el Destripador es una antigua fuerza mítica, dividida en varios cuchillos, que obligan a sus poseedores a matar. Y en Black Butler (2006), la artista japonesa de manga Yana Toboso le presenta como una persona misteriosa y responsable de las

POLICE — THE ILLUSTRATED — NEWS

LAW COURTS AND WEEKLY RECORD

SATURDAY, SEPTEMBER 22, 1888.

Price One Penny.

"IS HE THE WHITECHAPEL MURDERER?"

TOWER SUBWAY. THIS WILL DO FOR THEM!! PAY HERE

READY FOR THE WHITECHAPEL FIEND. WOMEN SECRETLY ARMED.

GIN

LATEST DETAILS OF THE WHITECHAPEL MURDERS

FORMAN OF JURY

Dr. PHILLIPS

BROTHER OF VICTIM

CHEAP LODGINGS

ANNIE CHAPMAN BEFORE AND AFTER DEATH

LAST SEEN ALIVE

DETECTIVE THICKE

A WHITECHAPEL SLAUGHTER YARD.

PAPER ON WHICH MURDERER WIPED HIS HANDS

LODGING HOUSE KEEPER

HANDKERCHIEF WORN BY VICTIM

I HAVEN'T THE MONEY FOR MY LODGING

THE BLOOD STAINS HAMBURG

SCENE IN BOSTOCK AND WOMBWELL'S MENAGERIE

The Ilustrated Police News, 22 de septiembre de 1888. La muerte de Annie Chapman captura la atención central de la publicación.

muertes de prostitutas en el Londres victoriano. Avanzando en la historia, se revela que el Destripador no es una persona, sino dos que trabajan juntas: un Shinigami (dios o ser sobrenatural japonés) enmascarado y un médico de noble linaje. En la novela gráfica de *Fate/Apocrypha* de Yūichirō Higashide (2017), Jack the Ripper es un Asesino de la Clase de la Facción Negra. Jack pertenece a la Facción Negra, compuesta por los magos asociados a la familia Yggdramillennia, que buscan el poder del Santo Grial para recuperar el prestigio que tenían antes de ser discriminados por la Asociación de Magos.

La serie de ciencia ficción *Sanctuary* (2007) describe que John Druitt —uno de los sospechosos históricos—, está poseído por una criatura demoníaca que lo convierte en «Mandil de Cuero». Y en la miniserie *Whitechapel* (2009), un homicida comete varios asesinatos en las mismas fechas, horas y con el mismo *modus operandi* de Jack el Destripador.

En el primer episodio del animé *Soul Eater* (2008), Evans y Maka Albam enfrentan a Jack the Ripper que tiene garras que aparentan ser navajas. En el animé *Nobunagun* Adam Muirhead (2014), un miembro de DOGOO tiene un objeto llamado E−Gen con el alma del Destripador, cuya arma es un gran cuchillo de caza.

Ripper Street (2012) es una serie dramática de la televisión británica ambientada después de los asesinatos de 1888. En *Time After Time* (2017), una serie de la ABC basada en la novela del mismo nombre, el Dr. John Stevenson/Jack the Ripper viaja desde 1893, en Londres, a 2017 a la ciudad de Nueva York en la máquina del tiempo de H.G. Wells.

En 1987, aparece por primera vez en los videojuegos (*Jack the Ripper*). Cinco años después, cobra vida en el videojuego de rol *Waxworks* y en 1994, debutó en *World Heroes 2: Jet. Duke Nukem: Zero Hour* (1999) es un juego de disparos desenfrenados ambientado en el Londres victoriano.

En el juego de plataformas de terror gótico *MediEvil 2* (2000), es un monstruo verde alto con garras gigantes y un sombrero de copa. *Assassin's Creed III* (2012) presenta un personaje multijugador llamado *Nightstalker*, su biografía señala que es un asesino en serie y se refiere a él como «Joe el Destripador».

Canciones inspiradas en el Destripador fueron grabadas por artistas tan variados como Morrissey, Nick Cave and the Bad Seeds, The Legendary Pink Dots, Thee Headcoats, The Buff Medways y Bob Dylan.

Jack the Ripper (1959), el instrumental de Link Wray comienza con una risa malvada y el grito de una mujer. La asociación de Jack el Destripador con la muerte y el sexo es particularmente atractiva para los músicos de heavy metal y rock, que han incorporado los asesinatos en sus obras, interesados en asociarse con la imagen de «derramamiento de sangre y sordidez» del Destripador.

El cuarteto de Whitechapel (2010), del español Daniel Sánchez Pardos, indaga en su mito a través de una reflexión desde las performances artísticas del siglo XXI.

City of Dreadful Delight

En su libro *City of Dreadful Delight* (1992), la historiadora Judith R. Walkowitz opina que desde 1888, «La historia del Destripador ha proporcionado un vocabulario común de la violencia masculina contra las mujeres». «La "persistencia" se debe a la explotación de los medios de comunicación de la iconografía del Destripador: representaciones de mutilaciones femeninas en el cine, mostrar el Destripador como un "héroe" del crimen, que intensifica los peligros de la violencia masculina y convence a las mujeres de que son víctimas indefensas».

En su ensayo, «busca exorcizar ese fantasma de la conciencia de las mujeres, historizando a Jack el Destripador: volviendo a la escena de los crímenes e investigando cómo la historia de Jack el Destripador se construyó a partir de las fisuras y tensiones de clase, género y relaciones étnicas en 1888». La historia del Destripador «sancionó encubiertamente el antagonismo masculino hacia las mujeres y reforzó la autoridad masculina sobre ellas».

Maridos, amantes, extraños, pandillas de vigilantes, hombres de clase alta, amenazaron a niñas y mujeres de Whitechapel y las «mujeres respetables» en los buenos vecindarios estaban bajo «arresto domiciliario». *City of Dreadful Delight* sugiere que una mezcla de sensacionalismo, entretenimiento y terror, erótico y de otro tipo, flotaba en la niebla y el aire sucio de la metrópoli en tiempos de la reina Victoria.

En suma: intriga, misterio, fascinación; todo eso es lo que genera Jack el Destripador. Tal vez, porque los diarios de la época le representaron como la sombra perversa productora de espeluznantes asesinatos.

Jack el Destripador es esa sombra inmortalizada por la prensa que consiguió viajar en el tiempo a través de los siglos y ser elegida en 2006 como el «británico más detestable de todos los tiempos» (revista *BBC History* y su comunidad de lectores).

PERFIL CRIMINAL

Nombre y ocupación: desconocido.

Perfil: asesino serial, probablemente caníbal, según el testimonio de una de sus cartas. Se acercaba a sus víctimas mostrándose como un cliente más, las atraía hasta callejones o patios oscuros donde las ahorcaba, destrozaba sus cuerpos y las evisceraba. Solo mató a una en su cuarto.

Perfil psicológico: en su momento, un forense le describió con "aspecto inofensivo, de mediana edad, y aire respetable", solitario, excéntrico, y de temperamento sosegado, con ingresos económicos y trabajo estable que le impedían asesinar los días hábiles. Debía tener una personalidad perversa, temeraria y estaría sometido a periódicos accesos de manía homicida y erótica. Las mutilaciones sugerían que podía padecer "satiriasis", necesitaba recurrir a la violencia para satisfacer un apetito sexual desmesurado. Hoy se cree que los asesinatos son de una persona racional, calculadora, sádica y perturbada; que el motivo principal de sus crímenes era sexual, aunque no hay señales de agresiones sexuales en sus víctimas.

Tipo de víctimas: mujeres de clase baja, desprotegidas, sin recursos, que se prostituían, algunas ocasionalmente, para comer o pagar una cama donde dormir por la noche.

Crímenes: se le adjudican cinco homicidios y a esas víctimas se las conoce como las "canónicas". Pero en el expediente "Asesinatos de Whitechapel" de la Policía figuran 11 casos.

Modus operandi: las víctimas, todas mujeres, tenían las gargantas cortadas, sus cuerpos mutilados y eviscerados con una violencia inusual que escandalizó a sus contemporáneos y que aún hoy sigue produciendo fascinación en muchos. Dejaba los cadáveres en posiciones sexualmente degradantes, con las heridas expuestas y a la vista de todos.

Condena: la Policía nunca le arrestó, y nunca fue enjuiciado ni condenado.

Bibliografía

Blair, Scott. *Henry James, Jack el destripador y el judío cosmopolita: autoría en escena en la musa trágica.* Historia literaria inglesa, 1996.

Byrne, Bridget. *Inglaterra, ¿de quién es Inglaterra? Narrativas de nostalgia, vacío y evasión en imaginaciones de identidad nacional.* The Sociological Review, 2007.

Conley, Carolyn. *Homicidio y etnicidad en el Reino Unido victoriano.* Journal of British Studies, 2005.

Cornwell, Patricia. *Retrato de un asesino: Jack el Destripador. Caso cerrado,* Ediciones B, 2002.

Eriksen, Thomas. *Etnicidad y nacionalismo: perspectivas antropológicas.* Pluto Press, 1993.

Fairclough, Melvyn. *The Ripper & the Royals.* Duckworth, 1991.

Fido, Martin Austin. *The Crimes, Detection and Death of Jack the Ripper.* Barnes & Noble, 1993.

Ginn, George. *Respondiendo al 'Grito amargo': Descripción urbana y reforma social en el East End victoriano tardío.* The London Journal, 2006.

Keppel, RD. *The Jack the Ripper Murders: A Modus Operandi and Signature Analysis of the 1888–1891 Whitechapel Murders,* Journal of Investigative Psychology and Offender Profiling, 2005.

Knight, Stephen. *Jack the Ripper: la solución final,* McKay, 1976.

Koven, Seth. *Slumming: política sexual y social en el Londres victoriano,* Princeton University Press, 2004.

McCormick, Donald. *La identidad de Jack el Destripador,* Jarrolds, 1959.

Price, Richard. *The Working Men's Club Movement and Victorian Social Reform Ideology.* Victorian Studies, 1971.

Rubenhold, Hallie. *Las cinco: las vidas jamás contadas de las mujeres asesinadas por Jack el Destripador.* Transwordl, 2019.

Rumbelow, Donald. *Jack the Ripper: el libro de casos completo.* Contemporary Books, 1988.

Sugden, Phillip. *La historia completa de Jack the Ripper: Nueva edición.* Robinson Publishing Limited, 2006.

Underwood, Paul. *Jack el Destripador: cien años de misterio.* Jabalina, 1988.

Walkowitz, Judith. *Jack el destripador y el mito de la violencia masculina.* Estudios feministas, 1982.

White, Jerry. *Edificios Rothschild: vida en un bloque de viviendas del East End, 1887–1920.* Routledge & Kegan Paul, 1980.

TÍTULOS DE LA COLECCIÓN

ALEXANDER PICHUSHKIN
EL ASESINO DEL AJEDREZ

* * *

PEDRO ALONSO LÓPEZ
EL MONSTRUO DE LOS ANDES

* * *

HAROLD SHIPMAN
EL DOCTOR MUERTE

* * *

ARQUÍMEDES PUCCIO
EL SINIESTRO LÍDER DEL CLAN

* * *

GILBERTO CHAMBA
EL MONSTRUO DE MACHALA

* * *

MARY BELL
LA NIÑA ASESINA

* * *

DONATO BILANCIA
EL ASESINO DEL TREN

* * *

JACK EL DESTRIPADOR
EL TERROR DE WHITECHAPEL

* * *

MANUEL DELGADO VILLEGAS
EL ARROPIERO: UN PSICÓPATA NECRÓFILO

* * *

JEAN-CLAUDE ROMAND
EL PARRICIDA MITÓMANO